Schirner Verlag

JEANNE RULAND

HEILIGE GEOMETRIE in AKTION

ausrichten – energetisieren – heilen

Schirner Verlag

Liebe Leserin, lieber Leser, dieses Buch ist in der Du-Form geschrieben, weil es viele Übungen enthält, die direkt die Seele ansprechen. Die Du-Form unterstützt auch das Bewusstsein, dass Autorin und Leser sich auf Augenhöhe begegnen können und es in der Tiefe ihres Wesens keine Trennung gibt.

Die Ratschläge in diesem Buch sind sorgfältig erwogen und geprüft. Sie bieten jedoch keinen Ersatz für kompetenten medizinischen Rat, sondern dienen der Begleitung und der Anregung der Selbstheilungskräfte. Alle Angaben in diesem Buch erfolgen daher ohne Gewährleistung oder Garantie seitens der Autorin oder des Verlages. Eine Haftung der Autorin bzw. des Verlages und seiner Beauftragten für Personen-, Sach- und Vermögensschäden ist ausgeschlossen.

Wir verzichten auf das Einschweißen unserer Bücher – **UNSERER UMWELT ZULIEBE!**

ISBN Printausgabe 978-3-8434-1535-4
ISBN E-Book 978-3-8434-6522-9

Jeanne Ruland:
Heilige Geometrie in Aktion
ausrichten – energetisieren – heilen
© 2018, 2023
Schirner Verlag GmbH & Co. KG
Birkenweg 14 a, 64295 Darmstadt
E-Mail: gpsr@schirner.com

Cover: Murat Karaçay, www.spiritualmedia.de
Umschlag: Murat Karaçay, www.spiritualmedia.de, & Anna Twele, Schirner, unter Verwendung von Bildern von Murat Karaçay
Layout: Anna Twele, Schirner
Lektorat: Kerstin Noack-Zakel, Schirner
Druckproduktion: Ren Medien GmbH, Filderstadt
Printed in Czech Republic

www.schirner.com

Überarbeitete Neuausgabe 2023 – 2. Auflage April 2025

Ein Segen für dich

Wir sind auf Erden, um eine neue Dimension des Seins einzuläuten. Jeder von uns ist ein Ozean in einem einzigen Tropfen der Freude. Jeder von uns ist in der Lage, diese Welt lichtvoll zu verändern. In jedem von uns wohnt der evolutionäre Impuls, der uns in neue Räume und Dimensionen trägt, damit wir Unmögliches möglich machen.

Möge die Flamme des Geistes,
die in der Liebe leuchtet, dich führen.
Mögest du in Liebe, Wahrheit, Würde, Schönheit und Güte
deinen einzigartigen Erdenweg gehen.
Mögest du das Licht der Einheit hinter der sichtbaren Sonne
entdecken und in ihm erwachen.
Mögest du dich von diesem Licht führen lassen
bis ans Ende der Zeit, darin in Frieden verweilen
und neue Impulse auf Erden manifestieren.

Inhalt

Einleitung

Was ist Heilige Geometrie?

»Wer die Geometrie begreift,
vermag in dieser Welt alles zu verstehen.«
(Galileo Galilei)

Das Wort »Geometrie« stammt aus dem Altgriechischen und bedeutet »Erdmaß«, »Erdmessung«. Geometrie ist ein Teilgebiet der Mathematik, das sich mit der Berechnung von Maßen, den Eigenheiten von Gebilden der Ebene und des Raumes und den räumlichen Eigenschaften eines Gegenstandes beschäftigt.

Drunvalo Melchizedek, ein spiritueller Lehrer der 1970er-Jahre, der aus den USA stammt, stieß auf der Suche nach dem einen Element, das alle Weisheitslehren dieser Erde verbindet und allgemeingültig ist, auf die Heilige Geometrie. Er prägte den Begriff »Heilige Geometrie«, die auch »hermetische Geometrie« oder »versteckte Geometrie« genannt wird und auf den alten hermetischen Gesetzmäßigkeiten (siehe S. 15/16) basiert. Heilige Geometrie ist die perfekte Lichtstruktur, die alles Leben vom Kleinsten bis zum Größten durchzieht.

Das Wort »heilig« leitet sich von »heil sein«, »ganz sein« ab, »Geo« von »Erde« (Gaia), »Metrie« von »Messung« oder »Maß«. Man könnte den Begriff »Heilige Geometrie« übersetzen mit: das heilige, heile oder vollkommene Maß der Materie, das in vollkommenem Einklang mit den geistigen Gesetzmäßigkeiten schwingt und damit die Kraft besitzt, sich immer wieder vollständig zu erneuern. In der Heiligen Geometrie verbirgt sich die Heil- und Regenerationskraft allen Lebens.

In den Zeugnissen vieler alter Kulturen sind diese uralten heiligen Symbole verborgen. Denkmäler der Ewigkeit wie die Pyramiden, uralte Tempelstätten oder die Bauten der Megalithkulturen zeugen von der Allverbundenheit und dem göttlichen Maß. Überall auf der Welt haben Eingeweihte das universelle Wissen der Heiligen Geometrie unabhängig voneinander eingesetzt.

Die Heilige Geometrie beschreibt den harmonischen, göttlichen Bauplan, nach dem die lebendige Natur des Universums – und damit auch unser Körper – aufgebaut ist. Sie ist die Sprache der Lichtnatur, der Natur, die alles sichtbare Leben durchzieht, die Lichtsprache der Schöpfung, die göttliche Matrix, das Licht hinter den sichtbaren Formen. In allem Leben können wir ein vollkommenes Muster und eine perfekte Ordnung entdecken, wenn wir selbst in der Heiligen Geometrie erwachen – d. h., wenn wir erkennen, dass wir ein Teil von ihr sind.

Die Heilige Geometrie verbindet Kosmos, Materie, Geist, Seele, Körper, Verstand, Herz, Wissenschaft, Forschung und Spiritualität miteinander und eröffnet uns erstmalig einen tiefen Blick in die Allverbundenheit. Sie durchzieht alle naturwissenschaftlichen Fächer und Bereiche wie Mathematik, Physik, Chemie, Biologie, Weltraumforschung sowie Geomantie, Musik, Kunst und alle spirituellen Weisheitslehren und lässt diese in einem neuen Licht erscheinen.

Die heiligen geometrischen Formen sind der Schlüssel zurück in die göttliche Ordnung der Allverbundenheit. Sie sind der Paradiescode des Wandels und führen uns in die unermessliche Liebe, aus der alles Leben stammt. Aus der Heiligen Geometrie werden Erfindungen der freien Energie, neue Heilmethoden und Wege geboren. In dem Wissen um sie vollzieht sich der Wandel in ein Zeitalter des Friedens.

Die Heilige Geometrie ist ebenso komplex wie intuitiv erfahrbar. Alles Wissen über sie ist bereits in uns enthalten, da wir aus ihr bestehen.

Es gibt nichts, was wir lernen müssen –
es reicht, wenn wir uns erinnern.

In diesem Sinne ist dieses Buch eine Erinnerung. Es möchte dich wieder mit den heiligen Lichtstrukturen deines Seins verbinden und dir eine neue Sichtweise auf das Leben schenken. Die Übungen sind bewusst einfach gehalten. Sie dienen dir dazu, dich täglich auf das göttliche Feld, aus dem du bestehst, auszurichten und im Einklang mit höheren Ebenen zu deinem und zum Wohle des Gesamten zu wirken. Es geht dabei nicht um theoretisches Wissen, sondern um bewusst gelebte Erfahrung – sie ist der Weg der Selbstmeisterung und des Erwachens im göttlichen Licht der Liebe, die wir sind.

Was bedeutet Heilige Geometrie für mich?

Heilige Geometrie ist für mich die Offenbarung unserer Zeit. Sie gibt uns Einblick in den perfekten Bauplan hinter der Form. Je besser wir das göttliche Feld, die Lichtstrukturen und den perfekten Plan hinter der Form erkennen, desto klarer erkennen wir die künstlichen und menschengemachten Siegel, die uns in Schwingungen versetzen, mit denen wir uns aber nicht vollständig in das Licht und in unser wahres Erbe erheben können. Doch wir können diese Siegel lösen, um zu erwachen.

Betrachten wir den Bauplan unseres Herzens: Zwei Drittel des Herzmuskels liegen auf der linken Seite unseres Körpers, ein Drittel auf der rechten Seite. Das göttliche Atom, das Licht, die göttliche Flamme, der Lichtbauplan, der unseren Körper formt, belebt und führt, liegt genau in der Mitte, im Goldenen Schnitt. Hier entspringt das Torusfeld, das Herzfeld, das sowohl die linke als auch die rechte Körperhälfte umfasst und darüber hinausgehen kann. Das Herzfeld ist wesentlich stärker als das Feld des Geistes, da es den lebendigen Puls der Schöpfung in sich trägt. Wenn wir unser Herz für die Liebe öffnen, so kann es gefühlt bis zu 100 Grad Celsius heiß werden und damit heilende und transformierende Kraft entfalten. Jeder von uns kennt Menschen, die vor Herzensgüte nur so strahlen und deren innere Wärme uns Geborgenheit und Segen schenkt.

Betrachten wir jedoch die Symbolik des Herzens in unserem Kulturraum, so sind die religiös-mystischen Symbole des Christentums besonders auffallend: Jesus' flammendes, von einer Dornenkrone umgebenes Herz, das Kreuz, der Rosenkranz mit Dornen und das Schwert. Wir sehen Leid, Trennung und Schmerz – Energien, die einem weit geöffneten Herzen entgegengesetzt sind und die die Schwingung und Herzenskraft niedrig halten, sodass wir unsere Heimat im Licht des Herzen nicht wahrnehmen können. Niemals war es so gedacht. Solange wir das göttliche Feld, die Lichtstrukturen und den Bauplan der Schöpfung nicht kennen, so lange entgeht uns die wahre Bedeutung dieser Siegel, die geschaffen wurden, um das Licht in uns zu schwächen.

Die Lichtgeometrie ist unerlässlich, wenn wir uns aus der Manipulation der Schatten in das erheben wollen, was wir bereits sind: Licht von Licht. Wir sind nicht hier, um einen »gemarterten Leichnam« anzubeten, wir sind hier, um das Licht Gottes in der Liebe zu offenbaren. Gott erschuf Himmel und Erde und nicht Himmel und Hölle. Das ganze Universum spiegelt sich auf Erden und in uns.

Der göttliche Bauplan hat für uns unermessliche Liebe, Fülle, Segen, Frieden, Harmonie, Herrlichkeit und Schönheit sowie die Offenbarung des Himmels auf Erden vorgesehen. Ursprünglich waren wir das Ankh, der Schlüssel zum ewigen Leben, der die Herrlichkeit Gottes offenbart, das auferstandene, segnende Christuslicht, das in jedem Herzen wohnt und weit über die sichtbare Form in alles hineinstrahlt, um das Paradies zu offenbaren.

Erkenne, wer du bist.

Grundsätze der Heiligen Geometrie

Die göttliche Schöpfung ist perfekt

Es gibt ihn: den Bauplan Gottes. In der Heiligen Geometrie können wir ihn erfassen. Wir können grundsätzlich davon ausgehen, dass die göttliche Schöpfung perfekt und im vollkommenen Licht ausgerichtet ist. Je besser wir die Lichtstrukturen erfassen, desto klarer erkennen wir, dass diese Schöpfung uns im Licht der Einheit und der Liebe führt. Wir können die Siegel der Manipulation für uns lösen und vollständig im Licht erwachen.

Ewige Gesetzmäßigkeiten

Es gibt Gesetzmäßigkeiten, die ewig gültig sind und nicht verändert werden können. Hier möchte ich kurz das Werk »Kybalion« und die darin beschriebenen sieben hermetischen Gesetze erwähnen, die uns die Heilige Geometrie offenbaren und bereits in den Meisterlehren beschrieben wurden. Diese Gesetze wirken durch alles, was ist:

Das Gesetz der Geistigkeit: Das All ist Geist, das Universum ist geistig. Eins ist alles, alles ist eins.

Das Gesetz der Analogie: Wie unten, so oben. Wie oben, so unten. Wie im Himmel, so auf Erden. Wie innen, so außen. Wie im Geist, so in der Form. Mikrokosmos ist gleich Makrokosmos.

Das Gesetz der Bewegung: Nichts ist in Ruhe, alles ist in ständiger Bewegung. Alles schwingt.

Das Gesetz der Polarität: Alles hat zwei Pole, Gegensätze sind ihrer Natur nach identisch.

Das Gesetz des Rhythmus: Alles hat seinen Rhythmus. Für alles gibt es eine Zeit, alles schwingt.

Das Gesetz von Ursache und Wirkung: Jede Wirkung hat eine Ursache, und umgekehrt.

Das Gesetz des Geschlechts: Alles trägt männliche und weibliche Prinzipien in sich. Das Geschlecht offenbart sich auf allen Ebenen.

Geist kann verwandelt werden, von Zustand zu Zustand, von Grad zu Grad, von Lage zu Lage, von Pol zu Pol, von Schwingung zu Schwingung. Das Universum ist geistig.

Wir sind Heilige Geometrie, in Form gebrachte Ewigkeit

Wenn wir gezeugt werden und entstehen, durchlaufen wir die gesamte Heilige Geometrie, die Entstehungsgeschichte der Erde und die Entwicklungsgeschichte des Lebens. All dies ist bereits in uns, bevor wir in dieses Erdenleben treten. Wenn wir sterben, zieht sich unsere Seele in die Vollkommenheit des Lichts zurück, um sich zu erneuern und sich weiterzuentwickeln, bis wir das sind, was wir bereits sind: Licht von Licht. Das bedeutende »ICH BIN das ICH BIN«.

Heilige Geometrie muss nicht erlernt werden, es genügt, sich zu erinnern, da wir aus ihr bestehen. Sie ist nichts, was wir im Außen bemessen, sondern etwas, was wir im Inneren erfühlen und begreifen können.

Wenn die Form ihr Muster erkennt, dann strömt das Licht anderer Dimensionen ein. Wenn die Form von ihrem Muster getrennt wird, dann fühlen wir uns in ihr gefangen. Deshalb verbinden wir unsere Form wieder mit den göttlichen Mustern, damit das Licht einströmen kann und wir in das erwachen können, was wir bereits sind.

Lichtwesen der Heiligen Geometrie

AMUN – AMIN – AMEN – Licht von Licht, leite mich.

Es gibt in anderen Dimensionen und in den erleuchteten Sphären Lichtwesen, die immerzu im Licht wirken und an die wir uns in unseren Meditationen wenden können. Metatron und Shekina (Miranlaya), Immaculata, Elohim, Formbauer, Tia und Ey und all die großen Meister und Meisterinnen wie Ptaah, Thot, Hator, Amun, Jesus Christus, Mutter Maria, Buddha, Quan Yin, Saint Germain: Sie alle leiten uns auf inneren Ebenen bei der Selbstmeisterschaft und auf dem Erkenntnisweg an. Die Gegenwart von Lichtwesen der höheren Sphäre spüren wir durch ein Gefühl von Frieden, Weite, Liebe und Öffnung in uns. Diese Lichtwesen sind immer da und offenbaren uns das Himmelreich. Mehr zum Thema findest du in meinem Buch »Heilige Geometrie in der Natur« (Schirner Verlag, 2019).

Übung macht den Meister

In diesem Buch beschäftigen wir uns nicht mit Mathematik, hochtrabenden Philosophien oder schwer nachvollziehbaren Berechnungen, sondern mit der praktisch anwendbaren und erfahrbaren Wirkung der Heiligen Geometrie im Alltag. Da wir selbst in Form gebrachte Ewigkeit und im Grundmuster Heilige Geometrie sind, können uns bestimmte Übungen augenblicklich vom Kopf in das Herz und vom Herz in unser Führungssystem bringen, in dem wir vollkommen stabil, zentriert und doch frei neue Muster im Einklang mit der göttlichen Ordnung wählen können. Die Heilige Geometrie ist der Urbauplan der Schöpfung, der sich sowohl in feinstofflichen Lichtstrukturen als auch in der grobstofflichen materiellen Form zeigen kann.

Bedenke jedoch: Es nutzt nichts, eine Übung einmal zu machen und dann zu meinen, die Felder wären perfekt aufgebaut. Praktiziere die Übung, die dich am meisten anspricht, mindestens 28 Tage. In der täglichen Praxis wird sie ihre Wirkung entfalten und dich deinen Alltag auf neue Weise erleben lassen. Am besten schaffst du dir einen besonderen Platz und wendest die Übung immer zur gleichen Zeit für 15 Minuten an.

Die Übungen sind nur ein winziger Blick durch das Schlüsselloch in den weiten Raum der Heiligen Geometrie, die uns auf allen Gebieten in höchster Weise und stets im Einklang mit dem Göttlichen führen kann. Lasse dich von den heiligen Formen der Schöpfung inspirieren. Werde kreativ, und wende sie in allen Bereichen deines täglichen Lebens an. Sie werden dich auf einzigartige Weise zu neuen Erkenntnissen und auf neue Wege führen.

Meditiere über das Zitat von Johann Wolfgang von Goethe, und beginne Schritt für Schritt, dich als Teil der Heiligen Geometrie zu erfahren:

»Nichts ist drinnen, nichts ist draußen;
denn was innen, das ist außen.«

plan der Schöpfung, der sich sowohl in feinstofflichen Lichtstrukturen als auch in der grobstofflichen materiellen Form zeigen kann.

Bedenke jedoch: Es nutzt nichts, eine Übung einmal zu machen und dann zu meinen, die Felder wären perfekt aufgebaut. Praktiziere die Übung, die dich am meisten anspricht, mindestens 28 Tage. In der täglichen Praxis wird sie ihre Wirkung entfalten und dich deinen Alltag auf neue Weise erleben lassen. Am besten schaffst du dir einen besonderen Platz und wendest die Übung immer zur gleichen Zeit für 15 Minuten an.

Die Übungen sind nur ein winziger Blick durch das Schlüsselloch in den weiten Raum der Heiligen Geometrie, die uns auf allen Gebieten in höchster Weise und stets im Einklang mit dem Göttlichen führen kann. Lasse dich von den heiligen Formen der Schöpfung inspirieren. Werde kreativ, und wende sie in allen Bereichen deines täglichen Lebens an. Sie werden dich auf einzigartige Weise zu neuen Erkenntnissen und auf neue Wege führen.

Meditiere über das Zitat von Johann Wolfgang von Goethe, und beginne Schritt für Schritt, dich als Teil der Heiligen Geometrie zu erfahren:

»Nichts ist drinnen, nichts ist draußen;
denn was innen, das ist außen.«

Die wichtigsten heiligen geometrischen Formen

Vitruvianischer Mensch

Was ist der vitruvianische Mensch?

Der vitruvianische Mensch ist eine der bekanntesten Arbeiten von Leonardo da Vinci (1452–1519). Der Name erinnert an den römischen Architekten Vitruvius (ca. 80–10 v. Chr). Dieser beschrieb in seinen Aufzeichnungen die Theorie des wohlgeformten Menschen mit einem idealen Verhältnis der Körperteile zueinander. Seine These lautete, dass das Maß der Schönheit und das Idealbild des Menschen kein absolutes Maß sei, sondern in der Beziehung der einzelnen Teile (Mund, Augen, Nase, Kinn …) zueinander entstehe. Im vitruvianischen Menschen finden wir die Quadratur des Kreises, den Goldenen Schnitt, die göttlichen Proportionen, das Pentagramm – so wie in allen heiligen Hallen und Einweihungsstätten der Erde.

Wozu dient der vitruvianische Mensch?

Im vitruvianischen Menschen verbindet sich das von der Einheit getrennte Muster wieder mit dem Muster der Unendlichkeit. Durch ihn wird der Raum in die Unendlichkeit der Lichtgeometrie aufgeschlossen, in dem wir in den kosmischen Menschen erwachen.

Durch das Halten bestimmter Positionen können wir unseren Körper in der Heiligen Geometrie ausrichten. Der vitruvianische Mensch zeigt uns zwei Positionen an, mit denen wir uns schnell und einfach im Herzen zentrieren und in unserer Körpermitte ausrichten können.

Übung 1:
Herzenszentrierung – das Kreuz

In der Neuen Zeit ist es wichtig, herzzentriert zu leben: vom Kopf in das Herz. Wenn wir im Herzensraum sind, sind wir mit allem Sein verbunden.

» Stelle dich aufrecht hin, und bilde mit deinem Körper ein Kreuz: Beine zusammen – Arme horizontal zum Körper – Hände nach vorne geöffnet – Kopf gerade.
» Konzentriere dich auf deine beiden Fußchakras (Fußsohlen), deine beiden Handchakras (Handinnenflächen) und deinen Scheitelpunkt (Kopf). Nimm diese fünf Punkte deines Körpers gleichzeitig wahr.
» Nun atme durch alle fünf Punkte gleichzeitig ein. Halte den Atem, zähle innerlich bis fünf oder sieben, und lasse deinen Atem beim Ausatmen gleichmäßig durch alle fünf Punkte strömen.
» Atme wieder durch alle fünf Punkte gleichzeitig ein. Halte den Atem erneut an, und stelle dir vor, wie sich das Licht in dir bündelt, wie es immer heller und strahlender wird und sich beim Ausatmen durch alle fünf Punkte strömend gleichmäßig weit ausdehnt.

Wiederhole diese Übung bis zu fünf Mal. Spüre den Punkt, an dem sich die Energie beim Einatmen und Halten sammelt. Lasse dir Zeit, um nachzuspüren.

Nach dieser Übung bist du im Herzensraum zentriert. Dein Kopf ist leer. Du bist bereit, die Weisheit des Universums zu empfangen. Hole dich immer wieder aus dem Kopf in dein Herz.

Demut bedeutet, den Mut zu haben,
den Kopf vor dem Herzen zu beugen und
aus dem Herzen zu leben, zu sprechen und zu wirken.

Übung 2:
Nabelzentrierung – das Andreaskreuz

Diese Übung hilft dir dabei, deine Körpermitte zu spüren und dich zu erden.

» Stelle dich aufrecht hin, und bilde mit deinem Körper ein Andreaskreuz: Arme diagonal nach oben ausgestreckt – Beine weit geöffnet. Der Bauchnabel bildet nun die Mitte. Von hier aus könnten wir in Gedanken einen Kreis um den Körper ziehen. Damit zeichnen wir das Biofeld, das alle lebendigen Körper umgibt.
» Konzentriere dich auf deine beiden Fußchakras (Fußsohlen), deine beiden Handchakras (Handinnenflächen) und deinen Scheitelpunkt (Kopf). Nimm diese fünf Punkte deines Körpers gleichzeitig wahr.
» Nun atme durch alle fünf Punkte gleichzeitig ein. Halte den Atem, zähle innerlich bis fünf oder sieben, und lasse deinen Atem beim Ausatmen gleichmäßig durch alle fünf Punkte strömen.
» Atme wieder durch alle fünf Punkte gleichzeitig ein. Halte den Atem erneut an, und stelle dir vor, wie sich das Licht in dir bündelt, wie es immer heller und strahlender wird und sich beim Ausatmen durch alle fünf Punkte strömend gleichmäßig weit ausdehnt.

Wiederhole diese Übung bis zu fünf Mal. Spüre den Punkt, an dem sich die Energie beim Einatmen und Halten sammelt. Lasse dir Zeit, um nachzuspüren.

Nach dieser Übung bist du in deiner Körpermitte zentriert. Der Kopf ist leer. Du spürst deine Füße. Die Erdung ist stark. Du stehst stabil. Frage dich: Wofür stehst du? Was sind deine Werte? Was ist deine Basis? Spüre die Stabilität und die Erdung, mit der du dich für dich und die Welt einsetzt. Übe dich in der Zentrierung. Auf diese Weise schulst du die ganzheitliche Wahrnehmung von Geist, Körper und Seele und verstärkst deine Intuition.

Wann immer du dich im Herzen und in deiner Körpermitte zentrieren möchtest, kannst du dies durch diese zwei einfachen Übungen tun.

BIOFELD

Was ist das Biofeld?

Das Biofeld ist ein geometrisch angeordnetes Netzwerk von Lichtverbindungen und Schallwellen, die Informationen senden und empfangen. Es steht in Wechselwirkung mit magnetischen, elektrischen und thermischen Feldern. Biofeldgitter wirken durch Energieübertragung, die von den Gesetzen des Universums bestimmt ist. Jedes lebendige Wesen, jeder Stein, jede Pflanze, jeder Baum, jedes Tier, jeder Mensch, die Erde, besitzt ein Biofeld. Dieses strahlt mess- und spürbare Energie in Form von feinstofflichem Licht aus. Das Biofeld ist der energetische Raum, der von einem Organismus gebildet wird. Dieser Bioraum erzeugt in Wechselwirkung magnetische, elektrische und thermische Felder.

Wozu dient das Biofeld?

Es gibt verschiedene Biofelder, die miteinander abgeglichen werden können, um Harmonie, Liebe und Frieden zu erzeugen, wie das persönliche Biofeld, bestehend aus den fünf Körpern (dem physischen (Erde) – dem emotionalen (Wasser) – dem energetischen (Feuer) – dem mentalen (Luft) – sowie dem Lichtkörper und Lichtsystem (Aura & Chakras)).

Darüber hinaus gibt es das:

» soziale Biofeld
» globale Biofeld
» kosmologische Biofeld
» dimensionale Biofeld

Wir können uns über unser Biofeld mit all diesen Biofeldern abgleichen. Gut abgestimmte Biofelder bewirken:

» eine positive Ausstrahlung
» eine klare Empfangs- und Sendestation im Einklang mit dem Höheren Selbst
» einen stabilen Energiefluss
» ein gestärktes Immunsystem
» Verjüngung
» Regeneration
» harmonische Wechselwirkungen mit anderen Biofeldern

Das Biofeld wahrnehmen und ausrichten

Um das Zentrum deines Biofeldes zu spüren, wende die zweite Übung aus dem Kapitel »Vitruvianischer Mensch« (siehe S. 26) an. Die Mitte des Biofeldes ist ein Punkt hinter dem Bauchnabel – deine Körpermitte.

Übung 1: Biofeld wahrnehmen

» Sieh dir die zwei Bilder an:

Chaotisches Biofeld

Ausgerichtetes Biofeld

» Schließe deine Augen. Spüre in dein Biofeld hinein. Wie fühlt es sich an? Ist es harmonisch, im Energiefluss, gibt es Dellen oder gar Brüche? Weist es helle Stellen, Blockaden, dunkle Stellen auf?
» Nimm dir Zeit, um dein Biofeld ganz genau wahrzunehmen – vorn, hinten, links und rechts.

Übung 2: Biofeld ausrichten (Variante 1)

» Zentriere dich in deiner Körpermitte (siehe Übung: Nabelzentrierung – das Andreaskreuz, S. 26).
» Nimm den Lichtkanal, deine Chakrasäule, zwischen dem Erdstern (30 cm unterhalb der Fußsohlen) und dem Himmelsstern (30 cm oberhalb des Kopfes) wahr.
» Atme ein paarmal zum Himmelsstern ein und zum Erdstern aus – und umgekehrt.
» Stelle dich gerade hin – Beine zusammen, sodass du stabil stehst.

- » Halte deine Arme im 60-Grad-Winkel (trichterförmig) nach unten in den unteren Raum deines Biofeldes.
- » Mache für eine Minute die Feueratmung, indem du ganz schnell durch die Nase ein- und ausatmest. Auf diese Weise baust du über die Atmung Licht auf. Spüre nach.
- » Strecke die Arme nun im 60-Grad-Winkel (trichterförmig) nach oben in den oberen Raum deines Biofeldes.
- » Mache erneut für eine Minute die Feueratmung, indem du ganz schnell durch die Nase ein- und ausatmest. Anschließend halte den Atem für einen Moment.
- » Bringe deine Hände über dem Kopf zusammen, und ziehe nun mit deinen Handflächen einen Kreis, indem du deine Hände links und rechts an deinem Körper vorbei langsam nach unten gleiten lässt. Stelle dir dabei vor, wie sich dein Biofeld aufbaut und du es mit deinen Händen von allen negativen Energien reinigst.
- » Halte die Vorstellung eines gesunden, ausgerichteten, klaren Biofeldes, in dem Energie fließen und sich mit anderen Biofeldern abgleichen kann.

Du kannst diese Übung ein paarmal wiederholen, bis du das Gefühl hast, dein Biofeld ist klar, stark, rein und in der göttlichen Ordnung ausgerichtet.

Übung 3:
Biofeld ausrichten (Variante 2)

» Setze dich aufrecht hin. Du kannst dir einen Stuhl nehmen oder in den Lotossitz gehen. Deine Wirbelsäule sollte aufgerichtet sein, sodass die Energie ungehindert fließen kann.

» Stelle dir vor, du seiest ein Baum, und an deinen Wurzeln befindet sich eine reine sprudelnde Quelle mit Lichtwasser, aus der du Lebenskraft beziehst.

» Nun konzentriere dich auf den Erdstern (30 cm unterhalb deiner Fußsohlen).

» **Bauchatmung:** Atme das Lichtwasser bis zum Bauchnabel ein. Lasse das Licht in deinem Schoß verweilen, der wie ein heiliger Gral ist. Mache kreisende Körperbewegungen, und stelle dir vor, wie du das Lichtwasser in diesem heiligen Gral schwenkst, bis er glänzt und strahlt.

» **Herzatmung:** Atme das Lichtwasser nun weiter bis zum Herzen. Falte deine Hände in der Gebetshaltung vor dem Herzen, die Daumen zeigen zur Herzmitte. Spüre die linke Seite, die rechte Seite und die heilige Mitte, den Tempel deines Herzens. Gehe in die Bewegung der liegenden Acht. Die liegende Acht steht für die Unendlichkeit der Liebe und balanciert die männliche und die weibliche Seite aus. Spüre dabei, wie das Lichtwasser kreist und den Raum deines Herzens reinigt.

» **Kopfatmung:** Atme das Lichtwasser bis in dein Drittes Auge, in das Zentrum deines Kopfes. Spüre, wie sich dieses Zentrum um 360 Grad öffnet und du dich von deinem persönlichen Willen in den göttlichen Willen hineinbewegst, indem du dich nach oben öffnest. Stelle dir nun vor, wie von oben, aus dem Höchsten Selbst, goldenes Licht in das Lichtwasser hineinscheint. Es reinigt und wandelt das Lichtwasser und lädt es mit den Regenbogenfarben des Kosmos auf. Atme in dieser Vorstellung ein paarmal in die Zirbeldrüse in der Mitte deines Kopfes. Spüre die Aufladung und Umwandlung, und sieh, wie sich goldenes Sonnenlicht in dem Wasser spiegelt.

» **Wal- und Delfinatmung:** Mache dich mit deinem nächsten Atemzug bereit, wie die Wale und Delfine das Lichtwasser mit einem tiefen Atemstoß zum Kronenzentrum auszublasen. Lasse es in deiner Vorstellung um dich herumfließen. Spüre, wie sich dein Biofeld harmonisiert und aufgeladen wird. Du kannst die Hände dazunehmen, indem du sie langsam mit weit ausgestreckten Armen und nach außen zeigenden Handflächen von unten nach oben über den Kopf führst.

Diese Übung kannst du fünf Mal für alle deine niederen Körper wiederholen. Zuerst reinigst du deinen physischen Körper (Gefäß, Erde), dann deinen Emotionalkörper (Gefühle, Wasser), dann deinen energetischen Körper (Energie, Feuer), dann deinen Mentalkörper (Gedanken, Luft) und dann deinen Lichtkörper (Äther).

Spüre mit folgender Affirmation nach:

»Ich stimme alle meine Körper auf harmonische Weise im Biofeld miteinander ab.«

Das Biofeld für Paare und Gruppen – die Blume des Lebens errichten

Neben unserem persönlichen Biofeld können wir soziale Biofelder aufbauen. Dies dient Gruppen dazu, sich aufeinander einzustimmen und zusammen in harmonischer Weise am kosmischen Plan zu wirken. In der Praxis hat sich das sehr bewährt. Wenn die Biofelder aufeinander abgestimmt sind, laufen die Dinge wie von allein, da alle Informationen im Sichtbaren wie im Unsichtbaren miteinander abgeglichen werden. Am besten du probierst es selbst aus:
Stelle dir eine Gruppe mit ausgerichtetem, strahlendem Biofeld vor. Die einzelnen Mitglieder der Gruppe sind wie lauter leuchtende Kugeln, die sich miteinander harmonisch verbinden und die innerhalb des Feldes beweglich sind. Sie gehen in Resonanz und Synthese – schwingen sich also aufeinander ein und vereinigen sich.

Die Lichtsäule des Gruppenfeldes befindet sich immer im Zentrum zwischen den Personen bzw. in der Mitte der Gruppe. Bei Paaren befindet sich die Lichtsäule in der Schnittmenge der Biofelder der Partner.

Übung 4: Biofeld für Paare

Diese Übung harmonisiert die Beziehung, stärkt die Verbundenheit auf freie und harmonische Weise. Die Biofelder werden aufeinander abgestimmt, man ist im Gleichklang. Der wortlose Energiefluss setzt ein. Synchronizitäten verstärken sich.

- Zuerst baut jeder sein Biofeld auf. Nutzt dafür Übung 2 oder 3 aus diesem Kapitel.
- Anschließend setzt oder stellt euch einander gegenüber.
- Nehmt die Mitte wahr, wo sich die Felder überschneiden.
- Stellt euch hier eine Lichtsäule vor. Licht fließt aus der Quelle durch die Lichtsäule nach oben und in dem partnerschaftlichen Biofeld um die Gesamtheit herum.
- Wiederholt diese Vorstellung ein paarmal.
- Ihr könnt auch die Hände dazunehmen, indem ihr die Energie, die aufsteigt, gemeinsam mit den Händen nach oben zieht, sie in der Wal- und Delfinatmung (siehe S. 34) ausströmen lasst und euch vorstellt, wie sie um euch herumfließt und strömt.

Für Menschen, die eine starke Vorstellungskraft haben, kann diese Übung auch im Geiste vollzogen werden.

Übung 5:
Biofeld für Gruppen

Diese Übung harmonisiert die Gruppe und stärkt die Zusammenarbeit. Neue Ideen fließen ein. Synchronizitäten verstärken sich. Neue Impulse entstehen in einem harmonischen Miteinander. Gleichwertigkeit und Wertschätzung entfalten sich innerhalb der Gruppe.

- Zuerst baut jeder sein Biofeld auf. Nutzt dafür Übung 2 oder 3 aus diesem Kapitel.
- Stellt euch zusammen. Definiert die Mitte der Gruppe, und nehmt diese wahr.
- Stellt euch gemeinsam eine Lichtsäule in der Gruppenmitte vor. Atmet die Energie von unten nach oben. Zieht sie mit euren Händen weit über eure Köpfe. Stellt euch vor, wie aus der Lichtsäule das Licht um die gesamte Gruppe herumfließt und ein harmonisches Biofeld aufbaut.

Wenn du eine starke Vorstellungskraft hast, kannst du diese Übung auch im Geiste vollziehen. Auf diese Weise kannst du dich mit dem globalen Biofeld der Erde und mit dem kosmologischen Biofeld des gesamten Universums abstimmen.
Beobachte nach dem Aufbau des jeweiligen Biofeldes den Energiefluss und die Synchronizitäten.

Meiner Erfahrung nach verstärkt sich die wortlose Verständigung nach dieser Übung enorm. Man fühlt sich aufgeladen, fit, klar und vital. Alle Impulse fließen harmonisch zusammen. Der Empfang und die Sendung von Energien stimmen sich harmonisch ab. Frieden, Verbundenheit und Liebe fließen.

Torusfeld

Was ist das Torusfeld?

Das Torusfeld ist das Herzfeld und eines der wichtigsten felderzeugenden Muster der Natur. Es ist ein donutartiger, ringförmiger, perfekt ausbalancierter, dynamischer Energiewirbel, der den feinstofflichen Energiefluss zwischen den Polen harmonisiert. Wir können ihn in allen lebendigen Formen der Schöpfung entdecken. Vom kleinsten Atom über Mineralien, Pflanzen, Tiere bis zu den Galaxien des gesamten Kosmos findet sich das Torusfeld, das Energie gleichmäßig in alle Systeme verteilt. Es hält den Lebensfluss in allem aufrecht, kann sich selbst erhalten und sorgt für einen kontinuierlichen Energiefluss in verschiedene Ebenen.

Im Menschen finden wir das Torusfeld um das schlagende Herz. Es wird dort in der fünften Kammer im Herzen, die im hinteren Teil der vierten Herzkammer verborgen liegt und der Sitz unserer Göttlichkeit ist, gebildet. Es ist eine natürliche Schutzhülle, die unseren Organismus speist, stärkt, unser Energiefeld ausbalanciert, sich abgleicht, ein holistisches Bild erzeugt, uns die Wahrheit fühlen lässt und uns vor energetischen Angriffen schützt.

Im Herzen kommen Feuer und Wasser, Himmel und Erde sowie höheres Bewusstsein und Unterbewusstsein zusammen. Das Torusfeld speist den gesamten Organismus und stärkt das Biofeld. Es kann über viele verschiedene Wege aufgebaut, verstärkt, gereinigt und geklärt werden. Die Frequenz der Freude, des kreativen Ausdrucks, Meditation und Gottesverbindungen, Musik, Musizieren, Gesang und Chants, sakrale Gesänge, rhythmische Bewegung, die Verbindung zu anderen Menschen, zur Welt und zur Natur sowie die Herzatmung stärken das Torusfeld. Viele alte Bewegungskünste wie Aikido, Qi Gong, Yoga etc. stärken das Herzfeld und die innere Ausrichtung, denn das Herz liebt Rhythmus, Bewegung und Energiefluss, da es selbst im Einklang mit dem Universum schwingt.

Wozu dient das Torusfeld?

- Herzkommunikation
- Übertragung von inneren Bildern
- Stärkung der Herzverbindungen
- Herzwissen, Herzensweisheit
- Senden von Segen und heilsamen Energien
- Aktivierung von Verständnis, Empathie, Geduld und innerem Wissen
- mit den Augen des Herzens klar sehen

Das Torusfeld und das Biofeld (ab S. 29) bedingen einander, sie sind aber dennoch eigenständige Felder im lebendigen System. Um das Zentrum des Torusfeldes zu erkunden, mache die Übung »Herzzentrierung – das Kreuz« (siehe S. 24).

Übung 1:
Liebe im Zentrum des Herzens entfachen

Diese Übung hilft dir, dein Herzfeld zu stärken.

- Atme in deinen Herzensraum ein, und sprich innerlich »Feuer«.
- Stelle dir vor, wie du das Licht des Feuers in dein Herzchakra, in die Mitte deiner Brust, einatmest.
- Mit dem Ausatmen sprich erneut innerlich »Feuer«, und stelle dir vor, wie sich das Licht im Herzchakra und um das Herzchakra herum ausdehnt.

Wiederhole diese Übung ein paarmal. Sie gibt dem Herzen so viel Lebenskraft, dass sich das Torusfeld um dein Herz zu öffnen und zu weiten beginnt. Die Gottheit im eigenen Herzen entfaltet sich. Du kannst auf physischer Ebene intensiv spüren, wie deine eigene Liebesessenz im Herzen schließlich voller Wärme und Liebe in dir und um dich herum leuchtet.

Übung 2: Das Torusfeld wahrnehmen und aufbauen

Diese Atemübung hilft dir, dein Torusfeld wahrzunehmen und aufzubauen.

- » Nimm dir etwas Zeit.
- » Lege deine Hände auf dein Herz. Atme in dein Herz, und nimm seinen Rhythmus wahr, den Puls des Lebens.
- » Nun nimm deine Atmung wahr. Wohin fließt dein Atem? Ist dein Atem flach oder tief? Gleichmäßig oder ungleichmäßig?
- » Bringe deine Atmung mit dem Rhythmus deines Herzen in Einklang.
- » Nimm nun dein Torusfeld wahr. Das Feld um dein Herz. Wie weit ist es ausgedehnt? Ist es hell oder dunkel? Eng oder weit? Gleichmäßig oder ungleichmäßig?
- » Nimm den Energiefluss deines Torusfeldes wahr.
- » Nun stelle dir einen Impuls vor, der sich aus dem heiligen Zentrum deines Herzens wie eine Welle gleichmäßig in alle Richtungen ausdehnt.
- » Stelle dir vor, wie sich das Licht in deinem Herzen mit jedem Atemzug weiter ausdehnt – in dir und um dich herum.
- » Stelle dir vor, wie die Flamme in deinem Herzen alles reinigt und umwandelt, was nicht dort hingehört. So, wie ein Eiswürfel, der in der Hitze schmilzt, oder Papier, das im Feuer verbrennt.
- » Halte die Vorstellung so lange, bis du ruhig, in Frieden, in Liebe und mit Zuversicht in dir ruhst und ein stabiles, sanft fließendes Torusfeld um dein Herz wirkt.

Übung 3:
Den Ton des Herzens verstärken

Diese Übung regt das spirituelle, feinstoffliche Herzfeld an. Durch das Tönen erzeugen wir Energie, die über die feinstofflichen bis in die stofflichen Dimensionen hinein wirkt und Regenerations- und Heilkräfte in uns anregt. Wir kommen zu uns selbst und in die Verbindung mit der lebendigen Kraft der Schöpfung.

» Setze dich im Fersen- oder Lotossitz auf den Boden. Deine Hände liegen in der Sammlungshaltung in deinem Schoß: Die linke Hand liegt in der rechten Hand, und beide Hände bilden eine Schale.
» Beginne, zu tönen, und lasse den Ton immer stärker in deinem Herzen erklingen.
» Spüre, wie sich dein Herzfeld mit dem Ton entfaltet.
» Erst wenn der Ton ganz aus dem Zentrum des Herzens erklingt (es dauert in der Regel einen Moment, bis man ihn im Herzen spürt), bewege deine Hände mit dem Ton nach oben und um dich herum, falte die Hände im Klang vor deiner Brust, bewege sie kurz nach links, kurz nach rechts, und kehre in die Mitte zurück. Verweile einen Moment.

Übung 4:
Die Dreifältige Flamme im Herzen

Die Dreifältige Flamme im Herzen wird in den alten Mysterienschulen gelehrt. Wir sind Gott-Vater, -Mutter und -Kind in einem. Indem wir die männliche, die weibliche und die kindliche Seite in Einklang bringen, bauen wir unser Herzfeld auf.

» Nimm dir Zeit, und lege deine Hände in die Brustmitte: Atme ruhig und friedlich, und komme im Raum deines Herzens an.
» Atme in die linke Seite deines Herzens, und spüre in deine weibliche Seite hinein. Dann atme in die rechte Seite deines Herzens, und spüre in deine männliche Seite hinein. Komme anschließend wieder in dein Zentrum, in das göttliche Kindliche in dir.
» Stelle dir die linke Seite, die rechte Seite und das Zentrum jeweils als eine Flamme vor. Atme nun ruhig und gleichmäßig, bis alle drei Flammen gleich groß leuchten. So balancierst du die Kräfte in dir.

Die Dreifältige Flamme steht für:

» das göttliche Männliche – Schutz und Führung – Blau
» das göttliche Weibliche – bedingungslose Liebe – Rosa
» das göttliche Kindliche – das Gold der Seele, die Weisheit und kreative Kraft – Gold

Eine kleine Meditation zur Dreifältigen Flamme

- Schließe deine Augen. Fokussiere dich auf dein Herz. Atme ruhig und zentriert, und konzentriere dich auf die fünfte Kammer deines Herzens, den Sitz deiner Göttlichkeit.
- Nimm einen Lotos in deinem Herzen wahr, der sich langsam öffnet und das Juwel im Herzen freigibt.
- Stelle dir die blaue (Gott-Vater), goldene (Gott-Kind) und rosafarbene Flamme (Gott-Mutter) in dem Juwel deines Herzens vor.
- Atme zuerst in jede einzelne Flamme: Blau – Gold – Rosa, bis alle in einem perfekten Gleichgewicht sind. Im Idealzustand leuchten alle drei Flammen in derselben Größe.
- Harmonisiere die Flammen in deiner Vorstellung über deinen Atem.
- Stelle dir vor, wie sich alle drei Flammen im Uhrzeigersinn zu drehen beginnen.
- Spüre, wie die Drehung größer und schneller und die Flammen heller werden und einen perlmuttfarbenen, schimmernden und schillernden Lichteffekt erzeugen, der sich in dir und um dich herum aufbaut.
- Spüre, wie dieses Licht in dir und um dich herum immer größer wird, bis es deinen ganzen Körper umhüllt. Dieses Licht versetzt deine Seele in Schwingung und vitalisiert deine Lebensenergie. Immer mehr Glück und Licht strömen ein. Das heilige Feuer baut sich auf.
- Immer stärker nimmst du die ruhige und gleichmäßige spirituelle Flamme aus den drei Lichtern Rosa, Gold und Blau wahr. Die Schwingung wird schneller und strahlender, und du tauchst

immer stärker in die Frequenz und den Klang deines heiligen Lichts ein.

- Die Flamme rotiert so lange, bis sie mit dem universellen Ton OM verbunden ist. Lasse nun das OM im Einklang mit der Dreifältigen Flamme deines Herzens erklingen.
- Atme dich wieder in das leuchtende Juwel deines Herzens hinein.
- Spüre das Zentrum deines Herzens und die Liebe, die jetzt sanft in jeder Zelle pulsiert.
- Nimm nun dein Torusfeld, dein Herzfeld, wahr. Es dürfte jetzt ausgewogen und gleichmäßig strahlen.

Kreis und Kugel

Was sind Kreis und Kugel?

Kreis und Kugel sind die Mutter der Form, die Mutter aller Dinge. In ihnen ist die gesamte Geometrie enthalten. Man findet diese Urformen (Punkt, Kreis, Kugel) daher in vielen (Ur-)Symbolen wieder (Blume des Lebens, Same des Lebens, Atom, Sonnensymbol, Mondsymbol, Vollmond, Schwarzer Mond, Mandalas etc.). Der Punkt ist eindimensional. Der Kreis ist zweidimensional. Die Kugel ist die Form der dritten Dimension.

Vervielfältigt führen Kugel und Kreis in die Blume des Lebens, die in der zweiten Dimension aus lauter Kreisen besteht und in der dritten Dimension aus lauter Kugeln. Die Blume des Lebens, die Schöpfungsmatrix, ist mit allen Ebenen und Dimensionen verbunden.

Neben dem Ei bilden Kugel und Kreis die stabilsten Formen. Sie sind Symbole der Unendlichkeit, da sie keinen Anfang und kein Ende haben, und werden auf mannigfache Weise verwendet. So gelten sie beispielsweise als Zeichen der Liebe:

Was die Liebe verbindet, kann der Mensch nicht trennen.
Er kann es höchstens in die Liebe zurückführen,
dort wird es sich in der Ewigkeit auflösen.

Wozu dienen Kreis und Kugel?

- Zentrierung, Konzentration
- Innenschau, Vision
- Verbundenheit
- als All-Raum, für All-Liebe
- Orientierung
- Gleichwertigkeit, Einheit, Ewigkeit
- Verbindlichkeit

Kugel und Kreis werden darüber hinaus als Schutzkreis oder Schutzraum genutzt, da sie einen abgeschlossenen Schwingungsraum erschaffen und vor ungewollten äußeren Einflüssen schützen. Viele Rituale, Zeremonien und Tänze werden daher in Kreisform abgehalten. Kreisförmige Kraft- und Ritualplätze stellen das Urbild des lebendigen Seins dar. Sie erinnern uns daran, dass sich alles Leben hier auf der Erde in Zyklen und Kreisen vollzieht.

Wir fangen mit ganz kleinen Übungen an unter dem Motto: Rund ist gesund! Überlege dir: Was läuft in deinem Leben nicht rund? Welche Kreise müssen durchbrochen werden, damit sich neue Kreise bilden können? Welche Kreisläufe und wiederkehrenden Muster gibt es in deinem Leben?

Übung 1:
Zentrierung in der Mitte

Die Mitte fühlt sich leicht an.

- » Visualisiere das Sonnensymbol – ein Kreis mit einem Punkt in der Mitte oder auch eine Kugel mit einem Punkt im Zentrum.
- » Bewege dich in deiner Vorstellung in die Mitte/das Zentrum des Kreises/der Kugel.
- » Spüre den Punkt in dir, in dem eine andere Kraft übernimmt und die Entwicklung und Entfaltung ganz von selbst geschieht.
- » Atme tief und lang ein paarmal in deine Mitte hinein.

Übung 2: Fokus und Konzentration

Energie folgt der Aufmerksamkeit, und Aufmerksamkeit folgt der Energie.

» Nimm ein leeres Blatt Papier zur Hand.
Wo fällt dein Blick hin?

» Zeichne einen Punkt in die Mitte des Blattes.
Wo fällt dein Blick jetzt hin?

Variante 1:

» Hänge das Blatt Papier mit dem Punkt in der Mitte über deinen Schreibtisch. Immer, wenn du den Punkt erblickst oder du das Gefühl hast, deinen Fokus stärken zu wollen, frage dich: »Wo ist mein Fokus?«, und lenke deine Aufmerksamkeit wieder auf das zurück, was du wirklich umsetzen und tun möchtest.

Variante 2:

» Gehe morgens nach dem Aufstehen für einen Moment nach draußen, und atme in die Schwingung des Tages. Ist es kühl oder warm? Ruft der Tag eher zum Rückzug oder zur Aktion auf? Wenn wir uns mit der Energie des Tages abgleichen, gleichen wir uns mit dem Universum ab. Schaue dann auf dein Blatt Papier mit dem Punkt in der Mitte. Frage dich: »Was möchte ich heute erleben?«, »Was möchte ich heute erledigen?«, »Was sind meine Tagesziele?«

» Fokussiere dich ein paar Minuten auf deine Ziele. Stelle dir dabei vor, dass du sie bereits erreicht hast. Du wirst merken, dass du sie auch in der Realität mit Leichtigkeit umsetzt.

Übung 3:
Vom eigenen in den göttlichen Willen

Dein Wille geschehe.

In dieser Übung bewegen wir uns vom 60-Grad-Winkel in die 360 Grad des göttlichen Willens. Was bedeutet das? Wenn wir unseren Willen im höheren Willen ausrichten, kann unser Hohes Selbst, das unseren Lebensplan kennt, die Führung übernehmen und uns zur rechten Zeit an den richtigen Ort führen, um das Richtige zu tun.

Im Alltag sind wir oft nach vorn gerichtet, sehen nicht nach links und nicht nach rechts. Wir sind im To-do-Modus und arbeiten fokussiert und konzentriert an unseren Aufgaben. Wenn wir etwas wollen, bündeln wir unser Licht und senden es wie einen Lichtstrahl nach vorn aus. Unser Gegenüber kann diesen Wunsch dann als Druck, Dringlichkeit oder Durchsetzungskraft wahrnehmen nach dem Leitsatz »Mein Wille geschehe und nicht dein Wille« – das ist der Machtkampf unserer Zeit.

Wenn sich hingegen jeder im göttlichen Willen ausrichten würde, dann würde ein Flow einsetzen, der uns zur richtigen Zeit am richtigen Ort zusammenführt, damit wir das tun und bewirken können, was dem Gesamten dient.

- Nimm dir einen Moment Zeit.
- Konzentriere dich auf deine Zirbeldrüse in der Mitte deines Kopfes.

- Spüre deine momentane Ausrichtung. Bist du nach vorn ausgerichtet, nach innen, nach hinten, nach oben? Nimm einfach wahr, in welche Richtung du gerade strebst.
- Spüre: »Ich bin Wille.«
- Richte dich nun mit deinem Willen im höheren Sinne aus. Öffne dafür deine Zirbeldrüse um 360 Grad, indem du dir vorstellst, wie ihr Licht kreisrund in dir und um dich herum strahlt.
- Es ist, als würdest du automatisch in ihr Zentrum gezogen werden, weg von dem, womit du dich gerade noch identifiziert hast.
- Atme bewusst, verweile in deinem Zentrum, ausgerichtet im Höheren Selbst, und spüre die 360-Grad-Ausdehnung. Nimm die Umgebung bewusst nach allen Seiten hin wahr.
- Genieße den Frieden und die Gelassenheit, mit der du in diesem Zustand in dir verweilst, so lange, bis ein Impuls oder ein Geistesblitz dich erreicht.

Probiere diese Übung am besten einmal, wenn du gerade im Stau stehst. Im Stau spürt man die Dringlichkeit und die Ausrichtung nach vorn zumeist sehr deutlich. Jeder will so schnell wie möglich weiterkommen und erzeugt einen enormen Druck auf das Gesamte. Indem wir uns im göttlichen Willen ausrichten, kommen ganz neue Impulse, Hinweise, Botschaften und Ideen zu uns, die wir sonst nicht empfangen hätten. Sie können unser Leben verändern.

Übe dich darin, dich im göttlichen Willen auszurichten. Auf diese Weise gleichst du dich mit deinem Höheren Selbst oder deinem Führungssystem ab. Du erinnerst dich wieder an deinen Lebensplan, an deinen Lebenssinn und kannst diesen Schritt für Schritt umsetzen.

Übung 4:
Erleuchtetes Bewusstsein

In dieser Übung geht es um die Fragen: Was ist deine Vision? Was ist dein Wunsch? Was möchtest du der Welt bringen? Trage diese Fragen während der Übung im Herzen.

» Fokussiere einen Punkt an der Wand, oberhalb deiner Augen. Wenn du möchtest, schließe diese nun. Beobachte, wie sich deine innere Vision oberhalb deiner Augenbrauen sammelt. Wenn du die Augen geschlossen hast, nimm dies mit deinem Geistigen Auge wahr. Bewege deine Augen keinesfalls weiter nach oben, sondern halte das Feld deiner Vision.

» Sobald du den Punkt vor dir locker fokussieren kannst, lasse deinen Verstand einfach ruhen, und sammle deine Aufmerksamkeit weiter in ihm. Lasse los.

» Nun lasse den Punkt sich ausdehnen. Er steht für deine Vision. Richte deine Aufmerksamkeit auf die Peripherie der Vision.

» Bleibe in diesem Zustand, solange du ihn halten kannst. Wie fühlt es sich an?

Je länger du diese Übung praktizierst, desto eher wird sich ein Zustand der Ekstase bei dir einstellen und desto positiver gestaltet sich dein Leben. Du wirst herausfinden, dass es für dich nicht lange möglich ist, einen negativen Zustand oder eine negative Betrachtungsweise aufrechtzuerhalten. Atme, genieße, und trainiere den Zustand des Flows und der Ekstase. So aktivierst du dein höheres Führungssystem.

Blume des Lebens

Was ist die Blume des Lebens?

Ich bin du, du bist ich, wir sind eins.
Alles ist mit allem verbunden.
Alles beeinflusst sich gegenseitig.
Mitgefühl ist die Grundlage des Friedens.

Die Blume des Lebens ist das lebendige Schöpfungsmuster, der Urbauplan der Schöpfung, das Gewebe, die Matrix allen Seins. In ihr ist alles enthalten. Sie besteht aus lauter Kreisen bzw. Kugeln, die nach einem bestimmten Muster angeordnet sind. Sie ist eine stehende Welle und kann sich in die Unendlichkeit ausdehnen, damit ist sie das Quantenfeld, in dem alles enthalten ist. Doch zugleich kann sie sich in ihr Urmuster zurückziehen.

Aus der Blume des Lebens entstammt der lebendige Lebensplan. Sie kann als Muster im täglichen Leben vielseitig verwendet werden. In meinem Buch »Die Entfaltung der Blume des Lebens« (Schirner Verlag, 2010) habe ich bereits einige Übungen mit der Blume des Lebens ausführlich beschrieben, weshalb ich hier nur ein paar grundlegende Übungen zum Einstieg anbieten möchte.

Wozu dient die Blume des Lebens?

Durch die Blume des Lebens lernen wir, nicht kontrollieren zu wollen, sondern die Verbindung zu fühlen. Liebe fließt auf Herz- und Augenhöhe. In der Verbundenheit mit allem Leben können neue Impulse entstehen, die sowohl jedem Einzelnen als auch dem Gesamten im Einklang mit dem Höchsten dienen. Viele von uns fühlen sich nicht verbunden. Sie leben nach ihrem Verstand und fühlen Herz und Körper, den lebendigen Puls der Schöpfung, in sich nicht.

Der Geist trennt, sortiert, ordnet, er kann jedoch nicht das Gesamte erfassen, da er dafür nicht ausgelegt ist. Da wir tagtäglich in dieser Getrenntheit leben und alltägliche Abläufe so gestaltet sind, dass wir selbst nur einen winzigen Ausschnitt des Gesamten wahrnehmen, können wir nie wirklich wissen, ob wir durch unser Handeln nicht vielleicht Dinge unterstützen und in Bewegung setzen, die auf Dauer lebensverachtend, zerstörerisch und vernichtend sind. Gehen wir jedoch in die Verbundenheit, so kehren wir zurück in das Feld der unermesslichen Liebe, das alles erneuern, regenerieren und am lebendigen Plan ausrichten kann.

Bewegen wir uns vom Geist in das Herz, agieren wir im Miteinander auf Augenhöhe und fühlen das lebendige Werk der Schöpfung. Dann fließt freie Lebensenergie des ersten Schöpfungstages durch uns und alles, was mit uns in der Matrix der Schöpfung verbunden ist. Wir können das Feld fühlen sowie das Licht und die Herzen wahrnehmen, die in diesem Feld schlagen. Wir erkennen und achten die Liebe in dem göttlichen Gebot »Du sollst nicht töten« und finden in ein neues Miteinander im Einklang mit der lebendigen Erde und dem Universum.

Wenn jeder sein Biofeld aufbaut, so befindet sich jeder von uns in einer Kugel, abgestimmt mit seinem Lebensplan. Stimmen wir uns alle in dieser Weise ab, so bauen wir das Feld der Blume des Lebens auf, wir synchronisieren uns und das Gesamte, sodass der Energiefluss einsetzen kann.

Übung 1:
Führung auf allen Ebenen

Respektiere die Kreise, in denen du dich bewegst.

Diese Übung ist eine Partnerübung. Sie dient dazu, sich auf harmonische Weise mit den Energiefeldern anderer abzustimmen und kosmische Energie fließen zu lassen. Du kannst sie mit deinem Partner oder deiner Partnerin, einem Freund oder einer Freundin oder einem bzw. einer Verwandten durchführen.

» Stelle dich in deiner Vorstellung auf deinen Platz, in deinen goldenen göttlichen Kreis. Spüre deinen Kreis als Kreis der Blume des Lebens, die alles miteinander verbindet.

» Dein Partner macht es genauso. So steht jeder in seinem Kreis als vollkommenes göttliches Licht, keiner ist mehr oder weniger wert als der andere. Eure Kreise bilden eine Schnittmenge, in der ihr euch berühren und erkennen könnt, um im Miteinander Neues zu bewirken. Jedoch hat jeder noch seinen eigenen Kreis- und Wirkungsbereich.

» Nun gehe mit deinem Partner auf Augenhöhe. Frage dich: »Zu wie viel Prozent bin ich bei mir selbst, zu wie viel Prozent bin ich bei dem anderen?« Nimm es so wahr, wie es ist. Es gibt Menschen, die sich selbst augenblicklich verlieren, sobald jemand den Raum betritt, andere sehen nur sich selbst und nicht die anderen, doch das lebendige Gewebe des Lebens baut sich nur in einem lebendigen Miteinander auf. Deshalb achte darauf: Zu wie viel

Prozent bleibst du bei dir, zu wie viel Prozent nimmst du den anderen wahr?

- Stelle dir vor, wie jeder von euch auf 50 % geht. Du bist gleichzeitig und im gleichen Maße bei dir und beim anderen.
- Nun kannst du mit jedem Atemzug die Energie erhöhen, auf 60 % bis 100 %. Dein Partner macht es genauso.

Ihr werdet bemerken, dass, wenn jeder ganz bei sich und im gleichen Maße beim anderen ist, automatisch heilsame Energie aus dem Universum zu fließen beginnt und ihr eure Biofelder in harmonischer Weise miteinander abstimmen könnt. Ihr lernt, das multidimensionale Feld zu trainieren, euch darin zu bewegen und euch von ihm führen zu lassen.

Dadurch, dass wir die unsichtbaren Ebenen mit einbeziehen, entsteht ein Flow, und die Kraft, die das gesamte Universum durchzieht, hilft mit, dass alles gut geführt ist. Dinge, die aus dem Licht geleitet sind, sind ewig gültig. So kommen wir aus dem kurzsichtigen und kurzfristigen Handeln des Egos in die Weitsicht und Einheit mit dem Universum.

Achte darauf, in Kontakt mit dem Herzen zu sein, mit deinem und mit dem deines Gegenübers. So wirst du eine neue Art der Wertschätzung und Führung wahrnehmen, die deine Vorstellungen bei Weitem übertreffen wird.

Übung 2:
Dein Platz in der Gemeinschaft

Die Blume des Lebens steht für die Verbundenheit aller Wesen. Wir können nicht *nicht* Teil einer Gemeinschaft sein. Wir können uns absondern, der Menschheit den Rücken kehren, uns aus der Einheit lösen, und doch werden wir immer Teil der Einheit sein, dann vielleicht in der Rolle des Außenseiters oder Sonderlings. Welche Rolle oder welche Rollen spielst du in der Gemeinschaft? Welche Rolle möchtest du spielen? Was möchtest du der Gemeinschaft bringen?

Sieh dich als Teil der Blume des Lebens. Kehre zurück in deine wahre, einzigartige Essenz hinter all deinen Rollen. Spüre das Liebeslicht, das du bist. Lege alte Rollen ab, und lasse die wahre Essenz durch dich strahlen. Sei Teil der Einheit, der Ozean in einem Tropfen, sodass dein wahres Licht sich in allem widerspiegeln und sich erinnern kann.

» Wenn du die Verbundenheit zu allem Leben sichtbar machen möchtest, dann zünde für alles, was du liebst, eine Kerze an. Menschen, Tiere, Plätze, Farben, Frequenzen, Musik, Steine, Elemente … Du wirst staunen, womit du alles verbunden bist, auch wenn du es nicht täglich in deinem Leben bemerkst.

Übung 3:
Göttliche Ordnung in allem Leben

Die Blume des Lebens ist hervorragend geeignet, um sich auszurichten, in Harmonie zu bringen und sich mit höheren Dimensionen und Ebenen abzugleichen.

» Nimm eine Haltung ein, in der der Strom des Universums gut durch dich fließen kann.
» Nimm ein paar tiefe Atemzüge, und komme ganz bei dir selbst an.
» Stelle dir die Blume des Lebens etwa 30 cm oberhalb deines Kopfes vor.
» Lasse sie in deiner Vorstellung in verschiedenen Farben, die sie von allein annimmt, kreisen und durch dein gesamtes Feld wirbeln. Vielleicht fühlst du dabei Hitze, Kälte, einen Schauer oder andere körperlich-seelische Phänomene. Spüre, wie dein Feld gereinigt wird, es sich wieder ausrichtet und mit der göttlichen Matrix verbindet.

Diese Übung kann auch in Innenräumen oder in der Natur durchgeführt werden, um diese zu reinigen. Stelle dir vor, wie die Blume des Lebens durch die Räume kreist und alles reinigt, was nicht der göttlichen Ordnung entspricht. Wenn du diese Vorstellung ca. 10 Minuten halten kannst, werden sich einige Zeit später Ruhe, Frieden, Einklang und Harmonie einstellen. Probiere es aus!

Pentagramm

Was ist das Pentagramm?

Das Pentagramm ist ein uraltes Symbol der Venus, der Göttin und des auf der Erde durch die Liebe geführten Menschen. Es ist das »Symbol des vollkommenen Menschen«. Es steht für die Quintessenz und die Liebe in der Mitte, das sechste Element, das der Mensch auf der Erde verkörpern soll. Der Fünfstern steht für Schutz, innere Führung, Fruchtbarkeit, Erwachen und Fülle.

Jede Spitze des Pentagramms steht für ein Element.

» Die oberste Spitze steht für den Äther und das Licht.
» Die linke obere Spitze steht für das Element Wasser.
» Die rechte obere Spitze steht für das Element Luft.
» Die linke untere Spitze steht für das Element Erde.
» Die rechte untere Spitze steht für das Element Feuer.

In vielen Pflanzen und Tieren spiegelt sich das Pentagramm wider, aber auch wir Menschen sind entsprechend dem Pentagramm aufgebaut. Jede Spitze steht für einen Bereich des menschlichen Körpers, nämlich Kopf (oberste Spitze), Hände (linke und rechte obere Spitze) und Fußsohlen (linke und rechte untere Spitze). Und das Zentrum steht für die Liebe bzw. die Vereinigung aller Elemente im Herzen, in der Liebe.

Wozu dient das Pentagramm?

Das Pentagramm ist ein uraltes Schutzsymbol und verbunden mit allem Sein, das dem innersten Wesen entspricht. Es hat folgende Wirkungen:

- » Es gleicht uns mit dem Herzen des Universums ab.
- » Es harmonisiert Selbstliebe und Nächstenliebe.
- » Es schafft ein Schutzfeld der Liebe um uns herum.
- » Es verstärkt das Führungssystem aus dem Herzen.
- » Es schenkt die göttliche Führung des Lichts und der Liebe.
- » Es verleiht Schöpfungs- und Zeugungskraft.

In den alten Mysterienschulen und den uralten Erdtraditionen war das Pentagramm das heilige Symbol der Venus, der schöpferischen Kräfte der Liebe und der Großen Göttin sowie ein wichtiges Symbol für Vereinigung, Fruchtbarkeit und den Zeugungsakt. Es gibt alte Überlieferungen, nach denen mit dem Pentagramm Seelen aus den höchsten, reinsten Ebenen des Lichts in die Verkörperung gerufen oder eben die Fruchtbarkeit gemindert wurde. Doch leider sind die alten Traditionen und ihre positiven Aspekte durch das Patriarchat verloren gegangen. Das umgekehrte Pentagramm wurde verteufelt und missbraucht. Dennoch können wir die Heiligkeit des Fünfsterns in unserem Alltag anwenden, um die Führung im Herzen zu verstärken.

Übung 1:
Das Pentagramm wahrnehmen

- Nimm das Pentagramm 21 Tage lang als Urform des Universums in dir und der Natur wahr. Stelle dich dafür täglich einige Minuten aufrecht hin – Kopf gerade, Arme horizontal zum Körper, Beine weit geöffnet (dein Körper symbolisiert nun ein Pentagramm) – oder betrachte verschiedene Tiere, Blumen und Steine. Du wirst den Fünfstern und das Pentagramm in unzähligen Formen der Natur, besonders der blühenden, sich öffnenden, empfänglichen Natur wiederfinden.

Die Hauptbotschaft des Pentagramms ist, sich für die Liebe und das Licht des Universums zu öffnen – und damit für die Urstoffe, aus denen unser geistiges Wesen besteht. Wenn wir das Pentagramm in uns wahrnehmen und entfalten, fühlen wir uns im Universum geliebt und im Licht der Liebe aufgehoben. Sei das, was du bist. In deinem Körper befindet sich das gesamte Universum. Beginne, dich selbst in der Liebe des Alls zu entdecken, dich zu entfalten und zu erblühen. Alles ist bereits in dir. Wenn du möchtest, unterstütze diesen Prozess mit einer Affirmation:

»Ich öffne mich immer mehr für das Licht und die Liebe des Universums, die in mir sind und die ich mit jedem Atemzug verstärke. Ich werde aufgeladen. Ich entfalte mich. Ich erblühe im inneren Raum des Lichts und der Liebe.«

Übung 2: Schutz im Alltag erfahren

Das Pentagramm dient als Schutzsymbol. Es verstärkt die Führung des Himmels auf Erden, es lädt uns auf, und es erinnert unsere Seele an ihre wahre Herkunft und an ihren Auftrag, Licht und Liebe zu leben. Indem wir ein Pentagramm um uns herum ziehen, entfalten wir seine schützende Wirkung. Es gibt viele Arten, dies zu tun, hier eine Möglichkeit:

» Stelle dich aufrecht hin – Beine weit geöffnet, Arme horizontal zum Körper, Kopf gerade.
» Fühle den Fünfstern um dich herum.
» Nimm die Fußchakras (deine Zehen), die Handchakras (deine Finger) und dein Kronenzentrum wahr.
» Hebe beide Arme über die Seiten nach oben.
» Führe die Fingerspitzen beider Hände über deinem Kopf zusammen. Dies ist die Spitze deines Energiezentrums. Hier beginnt die Öffnung in höhere Dimensionen.
» Verbinde dich mit den Aufgestiegenen Meistern und Meisterinnen oder Lichtwesen, indem du eine Farbe, die dem Meister, der Meisterin oder dem Lichtwesen zugehörig ist, z. B. Blau für Mutter Maria, die Große Göttin, Erzengel Michael …, visualisierst.
» Stelle dir vor, wie sich das farbige Licht an deinen Fingerspitzen sammelt.
» Nun ziehe beide Hände von der Spitze aus links und rechts in einer Kreisbewegung hinunter, bis sie zum Boden zeigen, und vereine sie in deiner Vorstellung in einem Punkt unter deinen Füßen.

» Dann nimm die Arme gegengleich in die jeweils andere Richtung – umarme dich selbst.
» Fühle die Liebe zu dir selbst.
» Erst wenn du mit Licht und Liebe aufgeladen bist und dich unendlich geliebt fühlst, öffne die Arme für die Liebe zu allem Leben.
» Führe diese Übung dreimal hintereinander aus. Anschließend verweile noch einen Moment im Pentagramm.

Du bist nun von einem fünfzackigen Stern aus Licht umgeben, von den Meistern, Meisterinnen und Engeln beschützt. Du bist ein leuchtender Stern auf Erden.

Übung 3:
Das schützende Licht der Liebe

Diese Übung hat eine heilsame Wirkung auf dein ätherisches Doppel (deinen Astralkörper) und bringt dich in das universelle Führungssystem, das Frieden, Liebe und Licht ist. Sie verstärkt den Kontakt mit dem Hohen Selbst und der Führung aus dem Herzen. Wenn wir aus dem Licht heraus wirken, können wir alle Felder, in die wir geraten, aufladen, erhöhen, in heilsame Schwingung versetzen und mit liebevollen Impulsen versehen.

Wähle für diese Übung einen ruhigen Ort, oder gehe in die Natur, den Garten Gottes. Ein Gebet vor der Übung hilft, sich im Göttlichen auszurichten. Komme in dein Herz, indem du dich von deinem Verstand in den Raum deines Herzens atmest. Stimme dich auf das Licht der Geistigen Welt ein, auf die Meister, Meisterinnen, Erzengel und Engel. Die Farben, die gerade für dich wichtig sind, zeigen sich dir im strahlenden Glanz. Gott stellt dir alles Licht zur Verfügung. Wenn du es bewusst anwendest, so kann es vielfach zu deinem Wohle und zum Wohle des Gesamten genutzt werden.

Wenn du dich eingestimmt hast, gehe wie folgt vor:

» Visualisiere dich selbst in der Form des Pentagramms – Beine weit geöffnet, Arme horizontal zum Körper, Kopf gerade. Spüre deine Verbundenheit mit dem Herzzentrum des Universums. Fühle die Liebe und den lebendigen Puls in jeder deiner Zellen. Mit jedem Atemzug schwingen deine Zellen schneller und heller, schneller und heller, schneller und heller. Immer strahlender und leuchtender.

» Nun bitte die Lichtwesen zu dir. Spüre, wie ihr Licht in dein Feld strömt und die Linien des Pentagramms in strahlendem, glühendem Licht nachgezogen werden.

» Eine gerade Linie in der Farbe, die für dich jetzt wichtig ist, fließt aus dem höchsten Licht in deinem Kopf an deiner linken Körperseite entlang und hinunter bis zu deinem linken Fuß. Von dort aus fließt es zum rechten Arm und weiter über die gesamte Armlänge auf die andere Seite bis zu den Fingerspitzen der linken Hand. Von dort aus fließt es zum rechten Fuß und an der rechten Seite wieder in den Ausgangspunkt der Einheit. Stelle dir vor, wie das Licht der Einheit erstrahlt. Sprich:

»Ich bin im Licht deiner Liebe hier.
Ich bin im Licht deiner Liebe hier.
Ich bin im Licht deiner Liebe hier.«

» Spüre die Energieanhebung, den Schutz durch den Lichtschild sowie die Kraft der unermesslichen Liebe in dir. Stelle dir zusätzlich vor, wie du in goldenes Licht getaucht bist.

» Beende die Übung, und lasse sie in dir nachschwingen.

Antakarana

Was ist die Antakarana?

Ursprünglich war der Mensch auserkoren, die zehnte Hierarchie Gottes zu sein, Adam Kadmon, der Gottmensch (Christusbewusstsein), der selbstbewusste Mensch. Doch er vergaß seinen göttlichen Ursprung. Er verlor die drei göttlichen Eigenschaften Herrlichkeit, Unsterblichkeit, Weisheit, und sein Lichtkörper fiel in einen langen Schlaf. Die höheren Chakras zogen sich am Hinterkopf zu einem Energiefaden zusammen, die Antakarana, die durch bewusste Bemühung und Anstrengung wieder vollständig aktiviert werden kann.

Der Begriff »Antakarana«, auch »Antahkarana«, stammt aus dem Sanskrit, der Sprache der Yogis und Eingeweihten, und bedeutet wörtlich »inneres Instrument«. Die Antakarana ist die Verlängerung der Chakrasäule in die höheren, außerhalb unseres Körpers liegenden Chakras, die uns direkt in die Quellebenen führen. Über die Antakarana sind wir mit allen Ebenen und Dimensionen verbunden. Sie ist die Schnittstelle, in der Geist und Materie ineinanderfließen, da der lebendige Lebensstrom die Materie speist.
Die Antakarana gehört damit zu unseren feinstofflichen Lichtinstrumenten, sie verbindet unseren feinstofflichen Körper mit der göttlichen Quelle und mit der inkarnierten Persönlichkeit. Die Antakarana ist die Regenbogenbrücke in das Licht und die Verbindung in das Göttliche. Wenn wir unser göttliches Licht und unsere höhere Absicht hier auf der Erde verstärken wollen, gilt es, sich mit den inneren Instrumenten unseres Lichtkörpers zu befassen.

Wo liegt die Antakarana?

Die Antakarana kann über die feinstofflichen Sinne wahrgenommen werden. Sie liegt zwischen der Halswirbelsäule und dem Atlas in der kleinen Kuhle am Hinterkopf und ist wie ein Lichtfaden dort und in der Zirbeldrüse verankert. Sie ist mit den niederen Körpern verbunden. Sie ist jedoch nicht mit der Silberschnur, die im Herzen und im Nabel verankert ist und uns aus der göttlichen Quelle speist, zu verwechseln.

Die Antakarana verbindet uns mit dem ewigen Sein und dem nichtinkarnierten göttlichen Teil unserer Persönlichkeit. Sie wird durch unterschiedliche spirituelle Übungen, durch Meditation sowie durch feinstoffliche Ausrichtung und Lichtkörperprozesse aktiviert. Es ist, als ob sich unsere Chakrasäule in der Verlängerung – verbunden mit den niederen Körpern – aufdreht und sich immer stärker in die höheren Dimensionen und Ebenen hineinbewegt. Je mehr wir im Lichtbewusstsein erwachen, desto mehr dreht sich die Antakarana auf und verbindet sich dauerhaft mit dem höchsten Bewusstsein. Unser Lichtkörper entfaltet sich und beginnt, all unsere Körper zu durchströmen und aufzuladen. Wir öffnen damit eine Verbindung in die höchste Quellebene. Auf diese Weise kommen wir in einen Zustand der Glückseligkeit und sind mit dem Licht verbunden.

Die Antakarana ist jedoch nicht automatisch aktiv, sondern aktiviert sich, wenn wir beginnen, unseren Lichtkörper zu erwecken, indem wir uns bewusst auf sie konzentrieren oder mit höheren Welten, der Quelle kommunizieren. Sie entwickelt sich mit unserem Erwachen als das göttliche Wesen, das wir sind.

Wozu dient die Antakarana?

- Auflösung von Gefühlen der Getrenntheit, Gefühlen der Angst und der Angst vor dem Tod
- Erwachen im spirituellen Sein, Erleuchtung, Erhöhen von Frequenzen, Ausbalancieren und Harmonisierung von Energien
- Einheitsbewusstsein
- Lichtkörperprozess, leichter, lichtvoller und vollständiger Übergang in die lichten Dimensionen
- Selbstverwirklichung und Dienst an der Menschheit
- Wenn wir vollständig in diesem Bewusstsein erwacht sind, können wir Menschen und Tieren, die im Übergang begriffen sind, helfen, indem wir diese Brücke bewusst öffnen und die Chakras aufdrehen, damit ihre Seele sich vollständig in das Licht zurückziehen kann.

Wie kann man die Antakarana erwecken?

Je mehr wir uns ihrer bewusst werden, desto größer und heller richtet sie sich auf und desto stärker verbindet sie uns mit unserem Seelenbewusstsein, unserer Monade, und der Quellebene. Wir dürfen uns diesem Prozess aktiv hingeben und üben, um immer stärker mit allen Körpern im Lichtbewusstsein zu erwachen. Unsere Persönlichkeit arbeitet von unten nach oben, indem sie sich willentlich im Licht ausrichtet und beschließt, im Licht zu erwachen. Die Seele, das Urlicht, kommt der inkarnierten Persönlichkeit aus dem Licht entgegen, bis sich beide zusammenschließen und eine dauerhafte und stabile Verbindung entsteht. Durch die Antakarana bilden wir mit unserer Absicht und etwas Übung eine Regenbogenbrücke zwischen dem inkarnierten und dem höchsten Wesen. Ich habe viele Jahre Raja Yoga angeleitet, das von erleuchteten Meistern praktiziert wird, und damit diese Verbindung geöffnet.

Früher dauerte es lange Zeit und brauchte viel Übung, diesen Lichtkanal zu erwecken und stabil und dauerhaft aufzubauen. Doch wir sind in eine neue Zeit eingetreten. Viele Geheimnisse werden enthüllt, und die Evolution nimmt ihren Lauf. Prozesse, die früher lange dauerten und einer strengen Schule unterworfen waren, vollziehen sich jetzt deutlich schneller und leichter.

Lasse dich nicht von Glaubenssätzen, überalterten Vorstellungen und Überzeugungen einschränken. Du hast eine Verbindung zu Gott, da du aus ihm heraus lebst. Das Christuslicht in dir und die Meister des Lichts, die diesen Pfad vor dir gegangen sind, zeigen dir den Weg nach Hause.

»SO HAM« – Ich bin er, und er ist ich.

Eine kleine Vorübung

- Nimm dir etwas Zeit.
- Meditiere über die Antakarana. Bewusstes Atmen klärt deinen Geist und lädt dich auf.
- Bitte deine Engel sowie Meister und Meisterinnen in den Raum, sodass sie dich auf der inneren Ebene beschützen, anleiten und unterstützen können.
- Konzentriere dich auf die Antakarana, deine Verbindung zu Gott. Stelle dir den Lichtfaden – die Verlängerung der Chakrasäule am Hinterkopf – verbunden mit den niederen Ebenen deines Seins vor, und bitte die Meister und Meisterinnen des Lichts, deinen inneren Lehrer, deine innere Lehrerin, dir zu helfen, diesen Lichtfaden aufzudrehen und immer weiter zu öffnen – in der Zeit, die im Einklang mit deinem höchsten Wesen ist.
- Wende deine Augen nach innen oben, und lege deine Zunge an deinen Gaumen, um den Kontakt mit deiner Zirbeldrüse zu intensivieren.
- Blicke in die höheren Chakras in der Mitte deines Kopfes, die wie eine Perlenschnur in die Ewigkeit führen. Dein Bewusstsein beginnt, sich in die Unendlichkeit auszudehnen. Zeit und Raum lösen sich immer mehr auf. Es kann sein, dass Erinnerungen an frühere Existenzen, Inkarnationen oder andere Realitäten auftauchen. Die Schleier der Illusion lichten sich. Dein Geist wird immer klarer, lichter und freier. Die Antakarana ist dein Weg in die Ewigkeit, Herrlichkeit und Unsterblichkeit des Seins.
- Lasse dir Zeit, und verbinde dich in der Meditation immer wieder mit der Antakarana, deinem Lichtinstrument in höhere Ebenen. Bitte darum, dass sie sich immer weiter ins Licht hinein öffnet. Die erste Öffnung geschieht in der Bewusstwerdung der Antakarana.

Übung 1:
Erwachen im spirituellen Sein

In dieser Übung arbeiten wir mit Affirmationen, die wir nach jedem Schritt sprechen. Diese bewirken eine bewusste geistige Ausrichtung. Nimm die beschriebenen Punkte wahr, und sprich die Affirmation. Gehe dann mit deiner Wahrnehmung zum nächsten Punkt.

- Stelle oder setze dich hin. Atme ruhig und bewusst.
- Nimm den Erdstern wahr, er liegt ca. 30 cm unterhalb deiner Füße: »Ich bin das Licht dieser Welt.«
- Nimm den Punkt hinter deinem Nabel wahr, dein Zentrum. Spüre den goldenen göttlichen Kreis und dein Zentrum, deine Mitte. Atme dich in deine Mitte: »Ich bin göttliches Licht in Tätigkeit.«
- Nimm die fünfte Kammer deines Herzens wahr. Sie beginnt, sich zu öffnen: »OM MANI PADME HUM – Ich öffne das Juwel im Herzen.«
- Spüre die Silberschnur, die mit deiner Seelenmonade verbunden ist: »Ich bin Liebe.«
- Spüre das Licht deiner Zirbeldrüse und die Antakarana: »Ich bin Licht.«
- Nimm deinen Himmelsstern wahr, er liegt ca. 30 cm über deinem Kopf: »Ich bin Seele.«
- Spüre, wie dein Himmelsstern sich öffnet. Spüre in deine Seelenmonade, dein 15. Chakra: »Ich bin die Monade.«
- Fühle die Silberschnur, die vom Herzen ununterbrochen mit der Seelenmonade verbunden ist. Spüre in die göttliche Quelle, 22. Chakra/fünfte Dimension:
  »Ich bin die Quelle. Ich bin das ICH BIN.

SO HAM SO HAM SO HAM.
Ich bin Gott – Gott ist in mir – Ich bin in Gott.
Ich bin das Licht, ich komme aus dem Licht.
Ich diene dem Licht, das Licht dient mir.
Ich bin Gottes Licht in Tätigkeit.
Ich bin die Drei-Einheit im Dienste des Lichts.«

Übung 2: Erweckung der Antakarana

» Lege deine Zunge an deinen Gaumen. Erspüre und berühre dort den Punkt, der mit deinem Dritten Auge verbunden ist.
» Wende deine Augen nach innen oben. Nimm den Energiefaden, die Antakarana, wahr, und erlaube ihr, dass sich mit deinem Willen und deiner klaren Absicht die Lichtbrücke jetzt langsam entfaltet.
» Spüre, wie sich die Antakarana im Einklang mit deinen vier niederen Körpern immer weiter öffnet. Es ist, als würde sie sich aufdrehen – immer weiter, in die höchsten Bereiche. Atme, und lasse es geschehen.
» Richte deine Aufmerksamkeit stets auf das höhere Bewusstsein. Nimm eine Ausdehnung um 360 Grad in deinem und um deinen Kopf herum wahr.
» Spüre nochmals nach, wie sich das Lichtfeld im Einklang mit deinen vier niederen Körpern immer weiter aufdreht und die Energie nach oben in die höheren Ebenen steigt.
» Mache dir bewusst, dass du ein geistiges Wesen bist, das für eine gewisse Zeit eine menschliche Erfahrung macht. Als geistig-seelisches Wesen hast du Zugang zu allen Ebenen und Dimen-

sionen, auch zu Dimensionen, die dir heute noch nicht bewusst sind.

» Spüre die Öffnung an deinem Kronenzentrum und die Drehbewegung der Antakarana, die sich immer weiter nach oben hin öffnet. Vielleicht kannst du in der Mitte deiner Zirbeldrüse eine Art Schnur mit vielen Perlen wahrnehmen, die weit in höhere Ebenen hineinführt.

» Bewege dich nun zuerst zu deinem Seelenstern, auch Himmelsstern, aus reinem Licht. Dieser befindet sich ca. 30 cm oberhalb deines Kopfes. Er kann sich ausdehnen, zusammenziehen, öffnen, bewegen, und er ist mit deiner Seele verbunden. Ausstrahlung, Stärke und Größe hängen von deiner spirituellen Entwicklung und deiner Verbindung zur Seele ab.

» Aktiviere den Seelenstern, stelle dir vor, wie er heller und strahlender wird. Er folgt deinen Gedanken und Vorstellungen. Halte deine Vorstellungen im Licht der Quelle.

» Zunächst gilt es nun, den Zentralkanal zu öffnen, zu reinigen und zu dehnen, damit die Lichtenergie vom Erdstern bis zum Seelenstern in einer Säule aus Licht fließen kann.

» Bewege dazu den Seelenstern langsam nach unten in den Erdstern. Spüre, wie sich beide Sterne vereinen, wie sie strahlend und hell aufleuchten und die Quelle allen Seins aktivieren. Spüre den Erdstern in der Vereinigung mit dem Seelenstern, und sprich: »Ich bin Gottes Licht in Tätigkeit.«

» Stelle dir nun vor, wie dein Seelenstern langsam durch eine Lichtsäule, den Mittelkanal deines Lichtsystems, aufsteigt – vom Erdstern durch deine Füße und deine Knie in das Wurzelchakra. Spüre, wie er dabei die Lichtsäule öffnet, dehnt und von allen Ablagerungen reinigt. Spüre das reinigende Seelenfeuer, das von ihm ausgeht, dich ausrichtet und im Licht öffnet. Dein

Seelenstern reinigt und klärt nun dein Wurzelchakra und wandert von hier aus weiter in das Sakralchakra, in den Solarplexus und in das Herzchakra. Hier spürst du das Juwel im Lotos – das heilige Licht im Zentrum deines Herzens. Sprich: »OM MANI PADME HUM – Ich bin Liebe.«

» Nimm die Silberschnur wahr und die Verbindung mit der Monade – das unaufhörlich fließende Licht, das in dir wohnt, dich lenkt und leitet, verbunden mit deinem Nerven- und Blutsystem. Atme ein paarmal in dein Herz. Spüre deine Öffnung in die Liebe zu allem Leben.

» Dein Seelenstern steigt weiter in der Chakrasäule auf – in das Kehlchakra und dann in das Dritte Auge. Hier entfaltet sich nun die Antakarana in der Verlängerung der Wirbelsäule wie in einer Drehung, einem sanften Wirbeln, und entfaltet die Regenbogenbrücke in die höheren Chakras – in das Kronenchakra, wo du fühlst: »Ich bin Licht.«

» Der Seelenstern gleitet auf seine Position zurück, du spürst: »Ich bin Seele.«

» Die Antakarana öffnet sich in die höheren Bereiche. Nimm sie wahr. Spüre den Erdstern, den Seelenstern und die höheren Ebenen.

» Die Engel, Meister und Meisterinnen unterstützen dich dabei, die Antakarana in den höheren Chakraebenen zu öffnen.

» Erspüre das Ba-Zentrum, die Spitze deiner Merkaba*, indem du die Hände mit gestreckten Armen über deinem Kopf zusammenbringst. Der Punkt liegt dort, wo sich die Mittelfinger berühren. Hier ist der Sitz des 9. Chakras, das in blau-grün schimmerndem Licht erstrahlt.

---

* Mehr zur Merkaba findest du ab S. 93.

- Konzentriere dich auf das 10. Chakra oberhalb des Ba-Zentrums. Atme in das 10. Chakra (Perlweiß – Polaritätseinheit).
- Nun gehe mit deiner Aufmerksamkeit in das 11. Chakra, das über dem 10. Chakra liegt. Spüre, wie die Antakarana sich immer mehr aufdreht und das Licht des 11. Chakras einströmt (Pink-Orange – unermessliche Lebensfreude – Energie der Neuen Zeit).
- Nun gehe mit deiner Aufmerksamkeit durch jedes einzelne der folgenden Chakras, atme ein und aus, und spüre das Licht. Bade in diesem Licht, und fühle, wie es aus den höheren Bewusstseinsebenen in dich hinein und um dich herum strömt:
- … das 12. Chakra (goldenes Licht – Christusbewusstsein)
- … das 13. Chakra (Violett-Pink – Kommunikation durch Schwingung und Lichtsprache)
- … das 14. Chakra (dunkles Blau-Violett – göttlicher Plan)
- … das 15. Chakra (helles Gold-Weiß – Monaden – Verbindung)
- … das 16. Chakra (Weiß-Ultraviolett-Brillant – Aufstieg in das universale Licht)
- … das 17. Chakra (Platin – universales Licht)
- … das 18. Chakra (Magenta – sechsdimensionale göttliche Absicht, Hologramm – unermessliche bedingungslose Liebe)
- … das 19. Chakra (reines Weiß – universelle Energie)
- … das 20. Chakra (Royalblau – reines Sein)
- … das 21. Chakra (Kristallin – göttliche Struktur, Heilige Geometrie)
- … das 22. Chakra (reinstes kristallines Licht – Quellverbindung – fünfte Dimension des Lichts)
- Verweile, und fühle, wie das Licht der Quelle nun in deine Antakarana hineinströmt, dich öffnet, reinigt und balanciert.

Bitte deine Engel, Meister und Meisterinnen, die Antakarana zu öffnen und zu stabilisieren. Spüre, wie es geschieht.

- Bitte darum, dass alle Siegel über Raum und Zeit, die vor Gott geschlossen wurden und nicht mehr dienen, jetzt gelöst werden, sodass deine Verbindung in das reine universelle Licht immer heller, klarer und stärker wird und dein ganzes Lichtsystem durchströmt.
- Genieße die Aufladung durch das Licht der Einheit.
- Wenn du bereit bist, zurückzukommen, bitte um die Einstellung deines Systems auf Alltagsschwingung. Es genügt die Ausrichtung, und du merkst, dass du augenblicklich wieder da bist. Vielleicht kannst du den ununterbrochenen Zustrom des Lichts aus der Quelle mit jedem Herzschlag und jedem Atemzug jetzt stärker und deutlicher in dir wahrnehmen. Sprich zum Abschluss: »Gott in mir, Gott in allem. So Ham!«

Pyramide

Was ist die Pyramide?

Die Pyramide ist die erste Grundform des Lichts.
PYRAMIDE bedeutet FEUER DER MITTE.
Du bist in Form gebrachte Ewigkeit.
Licht wird in dir informiert und manifestiert sich durch dich.

Wenn wir das Wort »Pyramide« hören, denken wir zuerst an die großen Pyramiden dieser Erde. Die Pyramide gehört zu den geometrischen Urformen des Lichts. Ihre Spitze führt immer in den Raum bzw. in das Zentrum des Lichts. Ihre Grundfläche kann ein Quadrat, Rechteck, Dreieck, Fünfeck etc. sein. Ist ihre Grundfläche ein Quadrat, so liegt die Spitze über der Mitte des Quadrats. Diese ist die bekannteste Pyramidenform.

Die Pyramide ist in einer perfekten Geometrie aufgebaut, birgt den Goldenen Schnitt in sich und vereint viele weitere heilige Geometrien. Sie verbindet das Unsichtbare mit dem Sichtbaren, die Polarität mit der Einheit, das Ungeformte mit der Form. Licht fließt aus der Einheit in die Polarität, um sich mit Informationen aufzuladen, zu formen und sichtbar zu werden.
Pyramiden sind Sinnbild für die Allverbindung und das Licht in allem. Die Pyramide und die feinstoffliche pyramidale geometrische Form sind, wie bereits erwähnt, Urformen. Sie liegen allen Formen sichtbar oder unsichtbar verborgen zugrunde. Wir finden sie in Atomen und

Kristallen in unserem Körper, z. B. im pyramidalen System, einem System der Bewegungssteuerung bei Säugetieren, in Pyramidenzellen im Gehirn, in den Blutkristallen und in den Knochenzellen, die unter dem Mikroskop sichtbar gemacht werden können. Auch finden wir die pyramidalen Strukturen im Aufbau eines Wassermoleküls.

Pyramidale Formen verbinden unser Sein mit den feinstofflichen Lichtwelten. Sie sind seit jeher ein Symbol Gottes, des Göttlichen, des Lichtgeistes, aus dem alles hervorgeht und in das sich alles wieder zurückzieht. Sie vereinigen die energetischen Felder von Raum und Zeit und sind die Schnittstelle zwischen Licht und Form. Sie sind die Sende- und Empfangsstation des Geistes, des Göttlichen, der Einheit.

In der Merkaba oder dem Davidstern durchdringen sich gegensätzliche pyramidale Lichtfelder und erzeugen einen Energiestrom, der aus sich selbst heraus Licht erzeugt (so wie z. B. im Zeugungsakt). Wir alle kommen durch ein Sterntetraeder, zwei Dreieckspyramiden, aus der Lichtwelt in die materielle Wirklichkeit. Licht wird informiert, in Form gebracht. Somit ist die Pyramide das erste göttliche Ordnungssystem, das die natürliche Ordnung der Schöpfung in sich trägt.

Auch in den universellen Ebenen finden wir und dient die pyramidale Struktur als Sende- und Empfangsstation – auf der Erde in Form von Bergen oder den Pyramiden, die hier errichtet wurden, aber auch auf anderen Planeten, z. B. die Marspyramide. Die Doppelpyramide im Orionsystem soll zum Beispiel die primäre Schöpfungspyramide unseres lokalen Universums sein. Alte Symbole der Seele zeigen ebenso die pyramidale Struktur als Zeichen für den alldurchdringenden glückseligen Geist, das Licht als Gott in allem.

Die Pyramide wird aber auch von anderen Ebenen, Dimensionen und Lichtwesen als Sende- und Empfangsstation des Lichts verwendet. Sie erschafft die Verbindung zu unseren Lichtwesen, zu den Engeln sowie Meistern und Meisterinnen des Lichts. Jedoch: Je tiefer wir uns in die Form hineinbewegen, desto stärker entfernen wir uns von dem Licht, geraten ins Vergessen und erschaffen massive Disharmonien, die mit den heiligen Lichtstrukturen und der natürlichen Ordnung nichts mehr zu tun haben.

Wozu dient die Pyramide?

» Sinnbild des alldurchdringenden Geistes – Mikrokosmos/Makrokosmos
» primäres Ordnungssystem des Universums
» Struktur- und Richtungsgeber
» Ausrichtung und Öffnung von der Form in das Licht
» Sende- und Empfangsstation des Lichts
» Ordnungsprinzip des Nicht-Offenbarten in die Form
» Öffnung in die Lichtwelten, in höhere Ebenen und Dimensionen des Geistes
» Durchlichtung, Erleuchtung, Erwachen
» Heimat im Licht
» Allverbindung, Allmacht, All-eins-Sein

Die Pyramide ordnet unsere Lichtstruktur, d. h., sie bringt sie wieder in die göttliche Ordnung zurück, erst Geist und Seele und dann die Form. Auf diese Weise kann sie vielfältig angewendet werden. Die Pyramide ist auf keine Richtung festgelegt. Sie kann mit der Spitze in alle Richtungen zeigen, da das Licht überall ist und in die Form geleitet wird. Sie erzeugt den Raum, in dem sich gegensätzliche Energien vereinigen, um neue Formen hervorzubringen.

Übung 1: Wo ist die Pyramide in mir?

Die Pyramide ist ein Sinnbild unseres Seins. Wir haben unendlich viele pyramidale Felder in uns, die sich gegenseitig durchdringen und Raum erschaffen, z. B.:

» Kopf – pyramidales System im Gehirn, das vom Geist in die Form fließt und von der Form in den Geist zurück. Es wird durch die Atmung symbolisiert: einatmen – Pause – ausatmen – Pause.
» Herz – Hier treffen sich Geist und Seele und bilden einen Raum der Liebe.
» Unterleib/Geschlecht – Hier treffen sich Männlich und Weiblich, vereinigen sich und erzeugen neue Formen der Schöpfung.
» Das Lichtfeld um uns herum ist ebenfalls aus zwei Dreieckspyramiden geschaffen.

Meditiere über die Pyramide. Fühle, wo sie in dir in Resonanz geht. Wo kannst du die pyramidale Struktur in dir wahrnehmen? Je mehr du dich darauf konzentrierst, desto intensiver spürst du sie in jeder Zelle deines Seins. Sie ist das erste Ordnungsprinzip, das Struktur gebende Prinzip der Schöpfung. Die Pyramide hilft dir, dich wieder auf das vollkommene Licht und die göttliche Ordnung auszurichten. Gehe dazu wie folgt vor:

» Stelle dich aufrecht hin.
» Führe deine Hände mit ausgestreckten Armen nach oben, und spüre den höchsten Punkt deines Energiefeldes, dort, wo deine beiden Mittelfinger sich berühren. Hier strömt das Licht höherer

Welten zunächst in die feinstoffliche lichte Form deines Seins, in dein Lichtfeld, in deine Aura, in deine vielschichtigen Körper.

» Nimm deinen Scheitelpunkt wahr. Hier befindet sich das Zentrum der Einheit. Hier fließt das Licht in die Form deines Körpers und sammelt sich in dem pyramidalen feinstofflichen System deines Gehirns, um sich in Form von Gedanken, Worten und Klängen zu informieren, die dir im Leben eine Richtung in einem Feld unbegrenzter Möglichkeiten geben. Gedanken, Impulse und Worte sind schöpferische Kräfte.

» Ab dem Scheitelpunkt teilt sich der Strom der Einheit. Er strömt in die linke Seite und in die rechte Seite deines Seins. Zwei Gehirnhälften, zwei Augen, zwei Ohren, zwei Schultern, zwei Arme, zwei Hände … Beide Ströme sind gegenläufig.

» Nun nimm den Erdstern (ca. 30 cm unterhalb deiner Füße) wahr. Spüre hier die Einheit der Quelle allen Seins. Auch von hier strömt über verschiedene feinstoffliche und stoffliche Punkte Energie in dein System oder wird transformiert.

Übung 2:
Kontakt mit dem eigenen kosmischen Wesen

Die Pyramide ist die Wirkstätte Gottes. Indem wir mit ihr arbeiten, kommen wir in Kontakt mit unserem kosmischen Wesen. Je mehr wir uns auf die pyramidalen Strukturen in unserem Leben ausrichten, desto stärker erwachen wir in eine neue Harmonie und in ein größeres Ordnungssystem.

» Nimm dir Zeit und Raum. Komme in dir selbst an. Stelle dir vor, dass du dich im Zentrum einer Pyramide befindest. Die Spitze symbolisiert die Einheit und das Licht. Der Boden symbolisiert Materie, Stabilität, Polarität. Die Spitze befindet sich in einer Linie mit deinem Kronenzentrum. Du als Mensch, als fünftes Element der Liebe, sitzt genau im Zentrum.

» Betrachte die Pyramide um dich herum. Sie erstrahlt in goldenem Licht. Spüre die Schwingung des Lichts. Spüre die Liebe, die aus diesem Licht kommt. Das Christuslicht strahlt in dir und um dich herum bis weit ins Universum. Es berührt dich.

» Gehe immer weiter in den Mittelpunkt deines Seins, in den Mittelpunkt des Lebens, in den Mittelpunkt der Schöpfung. Spüre, wie dein Körper in vollkommener Gesundheit, Frieden, Liebe und Harmonie ausgeglichen wird.

» Verweile in diesem Raum, und beobachte, was passiert. Es kann sein, dass dir eine Botschaft übermittelt wird und du unerwartet mit einer Frequenz in Kontakt trittst.

» Wenn du die Übung beenden möchtest, bedanke dich, und komme langsam ins Hier und Jetzt zurück.

Merkaba

Was ist die Merkaba?

MER = Licht
KA = Geist
BA = Körper

Die Merkaba, das »Himmelsgefährt« oder »der Wagen«, ist eine kristalline Lichtstruktur, mit der wir in andere Ebenen und Dimensionen reisen, darin wandeln und ganz neue Erfahrungen des Seins machen können. Sie ist unser Lichtsystem, das alle Ebenen in uns in Einklang bringt und miteinander verbindet. Indem wir in Harmonie mit allen Ebenen wirken, haben unsere Worte und Handlungen Kraft. Wir sind authentisch in dem, was wir sagen oder tun und verbunden mit allem Sein.

Das Wort »Merkaba« ist aus drei Silben bzw. kurzen Wörtern zusammengesetzt. Diese Wörter stammen aus dem alten Ägypten. »Merkaba« wird teilweise unterschiedlich ausgesprochen und geschrieben: »Merkabah«, »Merkava« und »Merkavah«. In der Regel liegt die Betonung auf der zweiten Silbe.

»Mer« bezieht sich auf eine ganz bestimmte Art von Licht, das in Ägypten in der 18. Dynastie erkannt wurde. Der Pharao Echnaton (Amenophis IV.) führte in dieser Zeit den Monotheismus ein, den Glauben an den einen Gott, der alles erschaffen hat. »Mer« steht auch in Verbindung mit dem zweiten Chakra und weist auf sexuelle Balance – die Vereinigung der regenerativen Kräfte in uns und um uns herum – hin.

Es bedeutet auch »hineingehen« und wird als gegenläufig rotierendes Lichtfeld gesehen. Dieses Feld wird erzeugt, wenn der Mensch bestimmte Atemmuster praktiziert.

»Ka« repräsentiert das Höhere Selbst und ist einer der fünf niederen feinstofflichen Körper. »Ka« ist die Verbindung zu den höheren feinstofflichen Körpern und stellt den Zugang zum universellen Gedächtnis und allen Schöpfungsprinzipien her.

»Ba« ist die körperliche Erscheinung der Seele, die als Individuum geboren wird, der Astralkörper, der Atem, der alles Leben erweckt und der Welt und ihrer endgültigen Perfektion Form gibt. »Ba« ist die natürliche Seele, die über ihre Körperlichkeit Erfahrungen in der Wirklichkeit macht und dem Rad der Wiedergeburt unterworfen ist, dieses aber durch Selbsterkenntnis und Selbstmeisterung auf ewig überwinden kann.

Wozu dient die Merkaba?

- Gelassenheit und Ruhe
- stabiler Energiefluss
- Verjüngung, Regeneration und Erneuerung
- Harmonisierung aller Ebenen
- Anregung des Stoffwechsels
- Aktivierung der Energiekreisläufe
- Förderung der Durchblutung
- Balance und Gleichgewicht
- Erhöhung von Licht- und Sauerstoffaufnahme
- helle, positive, lichtvolle Stimmung
- Versorgung der Organe und Zellen mit heilender Energie

Das Merkabafeld wird durch das Zusammenspiel verschiedener Handlungen aufgebaut, die gleichzeitig ausgeübt werden, unter anderem bewusste Atmung, Herzensöffnung und Visualisierung. Eine ausführliche Anleitung dazu findest du in meinem Buch »Merkaba« (Schirner Verlag, 2010). Für den leichten Einstieg eignet sich die folgende Übung, die eine ähnliche Wirkung erzielt: Sie bringt alle Ebenen in dir in Harmonie und öffnet für Botschaften aus den höheren Dimensionen.

Übung: Körper, Geist und Seele in Einklang bringen

Diese Übung schenkt Harmonie und eine klare Präsenz im Hier und Jetzt. Sie stärkt unsere Intuition, und wir können Signale auf den verschiedenen Ebenen besser wahrnehmen.

Zur Einstimmung

- » Nimm dir Zeit für dich selbst, werde ruhig, spüre in dich hinein. Wie fühlst du dich gerade?
- » Atme drei Mal zum Kronenzentrum ein und in deine Mitte aus.
- » Öffne dein Herz für die Liebe zu allem Leben und zu dir selbst. Spüre ganz bewusst Körper, Geist und Seele.

Übung für den Körper

- » Nimm ein paar ganz bewusste Atemzüge für deinen Körper. Spüre die Energie deines Körpers, seine Schwingung und Vibration. Wie fühlt er sich an? Wo fließt Energie? Wo ist sie blockiert?
- » Lade deine Körperenergie über den Atem auf. Spüre, wie Licht in deinen Körper hineinfließt, er sich ausrichtet, sich Blockaden lösen. Bitte das intelligente Lichtfeld deines Körpers darum, sich an der göttlichen Matrix auszurichten.

Übung für den Geist

- » Nimm ein paar ganz bewusste Atemzüge, und fühle die geistige Energie (dein Intellekt/dein Bewusstsein). Wo sitzt sie? Wie fühlt sie sich an? Wie weit kann sie sich ausdehnen oder zusammenziehen?

» Lade sie über den Atem auf, und bitte darum, dass sie sich an der göttlichen Matrix ausrichtet. Atme, und spüre.

Übung für die Seele

» Nimm ein paar ganz bewusste Atemzüge für deine Seele. Spüre ihre Energie, ihre Schwingung, ihre Gefühlslage, ihre Ausstrahlung. Nimm alles so an, wie es ist. Wie fühlt sich deine seelische Energie an? Wo spürst du sie in dir?

» Lade deine Seelenenergie über den Atem auf. Spüre, wie Licht in deine Seele hineinfließt, sie sich befreit, sich Blockaden lösen. Bitte das intelligente Lichtfeld deiner Seele darum, sich an der göttlichen Matrix auszurichten.

Körper, Geist und Seele in Einklang bringen

» Nun bitte darum, dass Körper, Geist und Seele in Einklang gebracht werden. Du kannst dir dabei vorstellen, wie sie sich vollkommen ausrichten und eine Einheit werden – wie eine Frucht, die Schale, Fruchtfleisch und Kern enthält. Wie fühlst du dich jetzt?

Wenn du während dieser Übung einen Impuls spürst, z. B. in die Natur zu gehen, Wasser zu trinken, so folge dieser Eingebung. Wiederhole diese Übung immer dann, wenn sie dir in den Sinn kommt.

Metatrons Würfel

Was ist Metatrons Würfel?

Metatron und Shekina, die im Lebensbaum an der Krone stehen, sind die Hüter der vollkommenen Formen, die in allem Leben enthalten sind. Metatrons Würfel ist das dreidimensionale Abbild aller platonischen Körper und gilt auch als das Kaleidoskop der Schöpfung. Jede materielle Schöpfung enthält alle Elemente, diese durchdringen und beeinflussen sich gegenseitig. Metatrons Würfel ist der Schlüssel zur Schöpfung. Aus dem unendlichen Feld der Einheit musste ein endliches oder ein sich ewig wandelndes Feld entstehen, damit die Schöpfung sich selbst erfahren bzw. sich ihrer Selbst bewusst werden kann.

Wozu dient Metatrons Würfel?

» Erwachen, Erkennen, Gestalten
» Einheits-, Selbst- und Christusbewusstsein
» Reinigung der vier niederen Körper
» Verbindung aller Körper mit dem Lichtkörper
» Synchronisation und Einklang
» Mit ihm werden wir vom Opfer zum Schöpfer.

Metatrons Würfel kann jedes Energiefeld harmonisieren und die Elemente in uns in Balance und ins Gleichgewicht bringen. Er reinigt die Lichtstrukturen und klärt Muster, die nicht im Einklang mit der Heiligen Geometrie, der göttlichen Matrix, sind.

Übung 1:
Verbindung mit Metatrons Würfel

» Meditiere mit dem Symbol von Metatrons Würfel, und wirke damit, indem du es zeichnest. Erkenne die fünf platonischen Körper darin, und beziehe alle Ebenen mit ein.

Es braucht einen Moment, bis sich dieses tiefschichtige Symbol in unser Feld einprägt. Nimm dir daher ausreichend Zeit. Wenn du mehr über Metatrons Würfel und die platonischen Körper erfahren möchtest, findest du ausführliche Informationen und Praxisbeispiele in meinem Buch »Die Heilige Geometrie der platonischen Körper« (Schirner Verlag, 2010).

Übung 2:
Balance, Reinigung und Ausrichtung

Bevor du die Übung machst, verbinde dich mit Metatron und Shekina, den lebendigen Schöpferkräften. Jeder von uns hat eine andere Weise, diese Schöpferwesen wahrzunehmen. Bei mir erscheint vor meinem Geistigen Auge plötzlich Metatrons Würfel, hell, strahlend, befreiend.

» Lasse das Muster von Metatrons Würfel sich in deiner Vorstellung durch dein Energiefeld bewegen. Stelle dir vor, wie es über deinem Kopf erscheint. Es gleitet nun langsam durch dein Energiefeld. Du wirst dabei im feinstofflichen Energiefeld Hitze, Kälte und andere Phänomene bemerken.
» Lasse es in deiner Vorstellung vom Himmelsstern (30 cm über deinem Kopf) bis zu deinem Erdstern (30 cm unterhalb deiner Füße) gleiten. Wenn es andere Bewegungen in deinem Feld macht, an manchen Stellen verweilt oder sich schnell dreht, so lasse dies geschehen.

Führe diese Übung drei Mal konzentriert aus. Du wirst dich danach balanciert, gereinigt, ausgerichtet, leicht, klar, offen und frei fühlen – ein guter Zustand für die Meditation. Dafür nimm dir etwas Zeit, stelle eine Frage, und verweile in einer offenen und empfänglichen Haltung, ruhig atmend, bis eine Eingebung, ein Impuls oder ein Zeichen erscheint.

Die Heilige Geometrie wird aus dem Licht höherer Sphären gelenkt. Sie verbindet uns wieder mit den Schöpfungsebenen und mit jenen, in denen Licht in die erste Manifestation kommt.

Am Anfang war der Gedanke, das Wort.

Liegende Acht

Was ist die liegende Acht?

Die liegende Acht, auch Lemniskate oder Unendlichkeitssymbol, erinnert an den ewig fließenden Rhythmus der Natur. Sie ist das Zeichen der Vollendung und des Einklangs. Zumeist ist, wenn von der »Lemniskate« gesprochen wird, die Lemniskate von Bernoulli gemeint, die nach dem Schweizer Mathematiker Jakob Bernoulli (ca. 1654–1705) benannt ist. Sie ist eine schleifenförmige ebene Kurve in der Form einer Acht und symbolisiert die Einheit in der Dualität. Wenn wir die Lemniskate öffnen, so ergibt sie eine Ellipse.

Die liegende Acht ist das Symbol der ewigen Kreisläufe, des Auf und Ab, durch dessen Rhythmus Schwingung und Energie erzeugt werden. Die Dualität ist notwendig, um Schöpfung hervorzubringen und Wachstum anzuregen. Das Zeichen der Unendlichkeit befindet sich auch in unserer DNA, in unseren Grundmustern und in der Struktur eines Proteins, dem Grundbaustein aller menschlichen Zellen. Die Zahl Acht steht für Vollendung. Eine Tonleiter vollendet sich in der Oktave. Acht ist die Zahl Gottes, die Zahl der Auferstehung und des Erwachens.

Wozu dient die liegende Acht?

- Harmonisierung von Energiefeldern
- Balance in der Dualität
- Erweckung der auf- und absteigenden Kundalinienergie
- Schwingung und Gleichgewicht
- Balance und Aktivierung des vollständigen Potenzials
- Aktivierung der beiden Hirnhälften
- Energiefluss und Entspannung
- Vollendung und Entwicklung in höhere Stufen

Es gibt unendlich viele Übungen mit der liegenden Acht, da sie die vielleicht wichtigste Form zur Harmonisierung ist und das Erwachen in der Ewigkeit symbolisiert. Zwei meiner Lieblingsübungen möchte ich hier vorstellen.

Übung 1:
Die liegende Acht im Herzensraum

Diese Übung hilft, abzuwägen, klare Entscheidungen zu treffen, Mitgefühl zu entwickeln, ohne mitzuleiden, den Herzensraum zu aktivieren und zu reinigen sowie in Liebe und Frieden zu wirken und zu handeln.

» Konzentriere dich auf das Zentrum deines Herzens, indem du die Fingerspitzen beider Hände in die Mitte deiner Brust legst.

» Atme ruhig, zentriert und tief in den Raum deines Herzens.

» Mache dir bewusst, dass ca. zwei Drittel deines Herzmuskels auf der linken Seite deines Körpers liegen und ein Drittel auf der rechten Seite, genau in der Mitte befindet sich das göttliche Licht, die ewige Flamme, das reine Sein in dir. Dein Herzensraum umfasst sowohl die linke als auch die rechte Seite, die sich in der Mitte kreuzen.

» Atme bewusst in die linke Seite deines Herzensraums, und nimm die Energie wahr. Anschließend atme bewusst in die rechte Seite deines Herzensraums, und nimm die Energie wahr.

» Spüre die unterschiedlichen, ja gegensätzlichen Strömungen. Herzbewusstsein kann sowohl als weich, warm und mitfühlend wahrgenommen werden als auch als klar, kühl und streng.

» Nun balanciere die beiden Seiten in dir aus, indem du die Hände faltest oder übereinander auf deine Herzmitte legst und indem du abwechselnd in die eine und in die andere Seite hineinatmest. Bewege dich leicht im Rhythmus der liegenden Acht, und stelle dir dabei vor, wie beide Seiten in dir harmonisiert werden und im reinen Lichtbewusstsein in der Mitte zusammenfließen. Spüre die unermessliche, unendliche Liebe in dir und wie sich dein Herzfeld immer weiter ausdehnt.

» Spüre nach. Wie fühlt sich dein Herzfeld jetzt an?

Übung 2:
Bewahren und Achten von Grenzen

Wenn du mit anderen Menschen arbeitest, hilft die liegende Acht, dich und den anderen Menschen in der Unendlichkeit, im Feld der Einheit, auszurichten. Diese Übung kann auch im Geiste bei Seelengesprächen und Jenseitskontakten verwendet werden. Sie schenkt einen natürlichen Schutz.

- Ziehe in deiner Vorstellung die liegende Acht um dich und den anderen Menschen.
- Du befindest dich in einem Kreis der liegenden Acht, der andere im anderen Kreis der liegenden Acht. Beide Kreise sind gleich groß.
- Nimm das Licht der Einheit über euch wahr. Aus diesem Licht lösen sich zwei helle Strahlen. Jeder von ihnen erfüllt einen Kreis mit dem universellen Licht, sodass ihr in der Einheit verbunden seid und aus der Einheit wirken könnt.
- Stelle dir einen Regenbogen von Herz zu Herz vor, durch den der Segen des universellen Lichts in allen Farben wirken kann.
- Wenn die Sitzung beendet ist, zieht sich das Licht in die Alltagsschwingung zurück. Das geschieht von allein, wenn du den Befehl gibst: »Ausrichten in Alltagsschwingung.«
- Nun kannst du die liegende Acht in der Mitte lösen, sodass jeder in seinem Kreis schwingen und seinem Weg in der Blume des Lebens folgen kann.

Diese einfache geistige Übung hilft, in Verbundenheit mit dem höchsten Licht zu wirken und den Kreis, den abgeschlossenen Schwingungsraum des anderen, zu achten.

Tipp: Die liegende Acht kann auch auf verletzte Körperstellen gemalt werden, z. B. Stiche oder Schnitte, sie beschleunigt die Heilvorgänge.

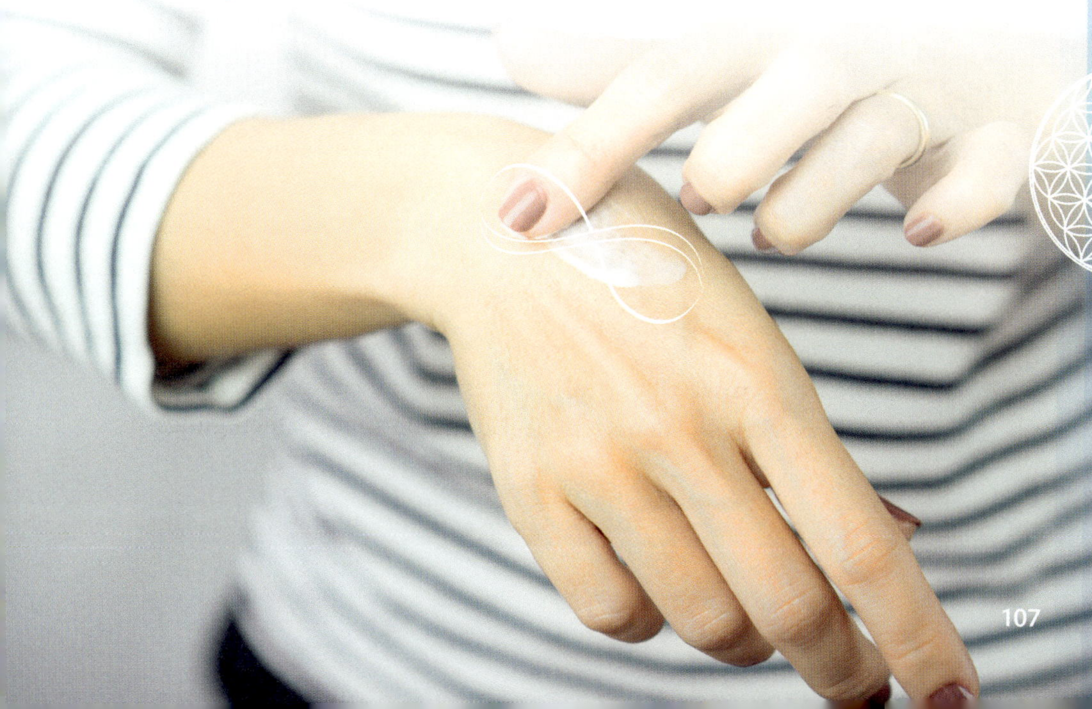

Elektronen

Was sind Elektronen?

Elektronen sind die Bausteine des Universums. Sie sind reines, strahlendes, universelles Licht, das mit Intelligenz versehen ist, sich in Lichtgeschwindigkeit bewegt, Informationen auf feinstofflichen Ebenen austauscht und auf die schöpferischen Impulse antwortet. Die gleiche universelle Substanz liegt allem Leben zugrunde. Die kleinste Einheit des Lebens, die der Mensch begreifen kann, ist das Elektron. Elektronen bilden den göttlichen universellen Körper. Alles Geschaffene besteht aus diesem. In den Elektronen befindet sich ein vollständiger Entwurf unseres Lebens. Mit unseren Gedanken und Gefühlen zwingen wir die feinen Bausteine des Lichts in Formen, in denen sie verharren, bis wir sie aus diesen Formen entlassen und sie wieder im reinen Licht schwingen können. In der Strahlenlehre gibt es viele Meditationen, die auf dem Elektronenbewusstsein beruhen.

Wozu dienen die Elektronen?

» Stärkung des Lichtbewusstseins
» Glückseligkeit und Freude
» Erwachen in der Liebesschwingung des Universums
» Lichtbad, Heilung und Regeneration
» Verjüngung
» Schutz und Kraft

Übung 1: Elektronenwahrnehmung

- Male das Elektron auf ein Blatt Papier, und stelle dich darauf.
- Spüre die Resonanz in dir. Du wirst nach kurzer Zeit feststellen, dass du anfängst, zu schwingen, und die schwingende Lichtsubstanz immer stärker in dir wahrnehmen.
- Die Schwingung kannst du durch Summen erhöhen. Summe eine ganze Zeit lang, und spüre nach. Du wirst die schwingende feinstoffliche Energie in allen Zellen fühlen und den Energiefluss in dir wiederherstellen.

Kleine Meditation: Schwingung der Glückseligkeit

Glückseligkeit ist der Zustand des Erleuchteten, der sich der Einheit allen Lichts bewusst ist, das in allem schwingt.

- » Nimm dir Zeit, komme zur Ruhe, und schließe deine Augen.
- » Stelle dir die Elektronen vor, schwingende reine Lichtsubstanz aus dem Feld der Liebe.
- » Visualisiere, wie die Energie mit jedem Atemzug aus dem universellen Licht in dein Herz strömt und sich dieses Licht mit dem Ausatmen in dir und um dich herum ausbreitet. Dieses Licht ist Frieden, Freude, Harmonie und Glückseligkeit.
- » Stelle dich immer stärker auf die Schwingung der Glückseligkeit ein. Lächle tief in deiner Seele, und spüre die Entspannung, die in deinem ganzen Sein entsteht und die sich als eine stille Freude in deinem Gemüt ausbreitet, die dich durchströmt und deine Lebensenergie aufleuchten lässt.
- » Nimm diese freudvolle, glückliche Stimmung in dir wahr. Du wirst bemerken, dass sich diese Schwingung im ganzen Raum ausbreiten kann, ohne dass du äußerlich etwas tun musst. Licht und Liebe strömen wie von selbst in alles hinein, sichtbar und verborgen.
- » Genieße diesen Zustand, solange du möchtest. Wenn du so weit bist, öffne deine Augen.

Übung 2: Der unüberwindliche elektronische Schutzmantel

Der unüberwindliche elektronische Schutzmantel wandelt jede negative Schwingung wie Aggressionen, unsaubere Luft oder Bakterien augenblicklich in Licht um. Mit ihm bleibst du gelassen und zentriert in deiner Mitte und kannst anderen Segen, Frieden und Liebe bringen.

» Verbinde dich mit deiner Seele, indem du deine Hände auf dein Herz legst und die wahre Essenz des Lichts in dir spürst. Mit dem Einatmen strömt Lichtenergie ein, und mit dem Ausatmen vergrößert sich das Licht deiner Seele.

» Deine Seele ist stark, ewig und lichtvoll, in ihr schlummern die unermesslichen Liebeskräfte des Lichts.

» Stelle dir die goldenen Elektronen aus dem göttlichen Urlicht vor. Wie sie ewig aus der Quelle des Lichts in alle Energiefelder strömen, um sie zu erneuern, sie zu regenerieren und in der Lebensenergie zu halten.

» Spüre den Strom der Elektronen, wie er aus dem Licht kommend immer stärker, strahlender und kraftvoller wird.

» Die Elektronen pulsieren und leuchten im Herzen, im Blut, in jedem Organ, sie sind die Essenz, die alle äußeren Formen beleben. Bade förmlich in diesem immerwährenden pulsierenden Licht.

» Stelle dir nun vor, wie sich deine Seele immer stärker in ein strahlendes Lichtgewand der reinen göttlichen Liebe hüllt, in dem du dich warm, geborgen und behütet fühlst.

» Stelle dir den strahlenden, unüberwindlichen elektronischen Schutzmantel vor, der dich im universellen Licht hält und versorgt.

» Halte dieses Bild in deiner Vorstellung eine ganze Zeit lang aufrecht. Auf diese Weise kannst du Segen, Frieden und Liebe bringen und wirst zu einem Segen für dich und andere. Denke im Alltag immer wieder einmal für einen Moment an das strahlende Lichtgewand.

Äskulap- und Merkurstab

Was sind Äskulap- und Merkurstab?

Gegensätzliche, mächtige Kräfte, sichtbar und verborgen,
strömen in der Wirbelsäule in Harmonie hinauf.
Verbinde das Sichtbare mit dem Unsichtbaren,
die Form mit dem Licht, das Wissen mit der Weisheit,
den Verstand mit dem Herzen, und du wirst die Heilkräfte
des Kosmos in dir und in allem Leben anregen.

Das Symbol der aufsteigenden Schlange am Stab, wie es der Äskulapstab darstellt, finden wir in abgewandelter Form in vielen Kulturen. Namensgeber des Äskulapstabs in unserem Kulturraum war Asklepios, der Sohn von Apollon, dem Gott des Lichts und der Heilkunst. Der Äskulapstab ist noch heute das Symbol von Medizin und Pharmazie.

Im Gegensatz zum Äskulapstab, bei dem sich nur eine Schlange um den Stab windet, ist der Merkurstab von zwei Schlangen umschlungen, die einander am oberen Ende anschauen. Der Merkurstab, auch Hermesstab genannt, wird, wie für die Götter Merkur und Hermes typisch, mit Flügeln dargestellt. Die zwei spiralförmigen Linien sind das Symbol der DNA, die gewundenen Schlangen stehen auch für die erste Sinuskurve und für das Wechselspiel und die Harmonisierung der Yin-und-Yang-Energie.

Die Schlange gilt in allen Kulturen als mystisches Wesen, das Heilung oder Tod durch Gift bewirken kann. Sie steht für die Kundalinienergie und der Stab für unsere Wirbelsäule, in der diese Energie aufsteigen kann, um kosmische Energie anzuziehen und uns aufzuladen. Merkur- und Äskulapstab erinnern uns durch die aufsteigenden Schlangen gleichermaßen an unser Erwachen im Licht, unseren Zugang zu diesem und die Lenkung der Lichtkräfte, die wir mit jedem Wort, jedem Gedanken und jeder Handlung in die Welt geben. Andererseits können diese Symbole auch für Machtmissbrauch, Gift, Manipulation oder Angst vor der eigenen Kraft stehen. Jede Energie kann in Licht zurückgewandelt werden, da wir auf feinstofflicher Ebene aus schwingendem, ewig pulsierendem, strömendem Licht bestehen.

Wozu dienen Äskulap- und Merkurstab?

» regen die Heilströme in allen sichtbaren und unsichtbaren Feldern an
» Energiefluss
» Verbindung
» Ganzheitlichkeit – Blick in das sichtbare und unsichtbare Wirken, in Seele und Geist
» beziehen die Lichtwelten mit ein
» bewirken Balance und Ausgewogenheit

Der Merkurstab ist das Symbol für den doppelten Energiefluss, die unsichtbaren gegensätzlichen Lebensströme, das Strömen in sichtbaren und unsichtbaren Bereichen, von Geist und Materie, die sich gegenseitig bedingen und Heilung oder Krankheit hervorrufen können, wenn sie nicht in Balance sind. Früher wurden eher Geist und Seele geheilt, damit sich die Heilung bis in die stofflichen Ebenen vollziehen konnte. Heute heilen wir vorrangig den Körper. Dieser einseitigen Sicht entspricht der Äskulapstab, an dem sich nur eine Schlange hinaufwindet. Der Merkurstab symbolisiert hingegen die ganzheitliche Sicht, die Körper, Geist und Seele einbezieht. Auch im alten Ägypten kannte man mit der »geistigen Chirurgie« eine Heilkunst, die viel mehr Ebenen und Schichten mit einbezieht. Merkur- und Äskulapstab können letztlich mit Heilung in Verbindung gebracht werden. Sie haben beide die Aufgabe, Botschaften aus dem Licht der Einheit zu übermitteln, damit Heilung geschehen kann – Heilung durch Energie, Muster und Worte, sprich: Geistheilung.

Übe dich darin, neben der sichtbaren Form, die unsichtbaren Formen und Botschaften wahrzunehmen. Heilung beginnt im Geist und in der Seele, denn dort beginnt jede Krankheit.

Übung:
Entfaltung des Lichtkörpers

» Verbinde dich auf deine Weise mit deinem Hohen Selbst und den Lichtwesen.

» Stelle dir einen Lichtstrahl vor, der aus dem Licht der Einheit auf dich herniedergeht.

» Bitte die Lichtwesen und deinen inneren Heiler, deine innere Heilerin zu erscheinen, sie regen jetzt deine Heilenergie an.

» Warte, bis du die Gegenwart des Lichts deutlich bemerkst.

» Nimm die Kraftquelle des Lichts wahr, deine Kundalini- oder Feuerenergie.

» Spüre, wie sie sich entfesselt und nun links und rechts deiner Wirbelsäule aufsteigt. Sie beginnt am Wurzelchakra.

» Nimm den männlichen und den weiblichen Strom des Lichts wahr. Vielleicht ist ein Strom warm, der andere kühl, der eine wässrig, der andere feurig. Du hast einen eigenen Zugang zu dem männlichen und zu dem weiblichen Kraftstrom in dir.

» Beobachte, wie die Ströme links und rechts deiner Wirbelsäule aufsteigen, sich im Nabel treffen, dort die Seiten wechseln, weiter aufsteigen – über die linke und die rechte Niere – und sich im Solarplexus treffen. Dort kreuzen sie sich erneut und steigen weiter auf – über die Milz und die Leber –, bis sie sich im Herzzentrum treffen. Von dort steigen sie weiter auf – über den linken und rechten Lungenflügel – und treffen sich im Halschakra. Sie steigen nun über die linke und rechte Gehirnhälfte auf, treffen sich in der Zirbeldrüse, fließen dort vollkommen ineinander und verteilen sich um dich herum.

» Wiederhole diese Übung drei Mal. Wenn du dabei leichte Bewegungen machen möchtest, so lasse es geschehen, und atme in die Punkte, die schmerzen oder klemmen, hinein.
» Spüre, wie sich die männliche und die weibliche Seite durchdringen und abwechseln und in den Chakras zusammenfließen. Du kannst dich dabei von deinen Lichtwesen anleiten lassen.

Nach der Übung wirst du dich aufrichtiger, wahrhaftiger, kraftvoller und gestärkt fühlen. Dein physischer Körper entfaltet deinen Lichtkörper. Heilsame Impulse und Botschaften aus deinem Inneren zeigen sich in diesem Zustand automatisch.

Vortexfeld

Was ist das Vortexfeld?

ICH BIN Gottes Licht in Tätigkeit.

Vortexfelder existieren überall auf der Welt in jeder Ebene und Dimension. Sie sind Wirbel, die in einer drehenden Kreisströmung Energien bewegen. Wir finden sie überall in der Natur: Wasserwirbel, Luftwirbel, Feuersäulen. Vortexfelder befinden sich auch in unserem Lichtsystem, wir können uns über den Vortex mit höheren Dimensionen abgleichen und uns für diese Energie sensibilisieren. Vortexfelder können physisch sichtbar oder emotionaler, mentaler, geistiger oder spiritueller Natur sein. Sie sind die »Lichtstaubsauger« aus anderen Dimensionen, die die alten Felder reinigen und neue Energien auf der Erde verankern. Viele Kraftorte sind auf Vortexfeldern errichtet wie die Pyramiden in Ägypten, Sedona (Arizona, USA), die Insel Oahu (Hawaii), Machu Picchu (Peru) usw. Sie sind Öffnungen in andere Dimensionen und neue Bewusstseinsfelder. Wenn wir an Orten, an denen ein Vortex besteht, meditieren, zieht es uns direkt in andere Ebenen, in denen wir Visionen und neue Wege empfangen können. Viele Kornkreise, die ein neues Bewusstsein bringen, beinhalten ebenfalls Vortexfelder.

Wozu dient das Vortexfeld?

» Auf- und Abbau von Energien und Kräften
» Aufbau eines stabilen Energieflusses zu höheren Ebenen und Dimensionen
» Reinigung von dunklen Energiefeldern, Wunden und seelischen Verletzungen
» Sogwirkung, Lösung und Klärung, Tiefenreinigung
» Lichtbeschleunigung
» Aufladung von Energiefeldern
» Neutralisation von Energiefeldern und Ausrichtung in der göttlichen Ordnung

Vortexfelder stammen aus den höchsten Bewusstseinsebenen und öffnen die Verbindungen von einer Dimension in eine höhere. Als geometrische Formen der Gnade, Reinigung und Umwandlung ermöglichen sie die Klärung von Energiefeldern sowie die Auflösung und Umwandlung negativer Schwingungen. Sie reinigen tief und können Energien in Energiefeldern neutralisieren und damit die göttliche Ordnung und Harmonie wiederherstellen. Vortexfelder können in vielen Bereichen angewendet werden, z. B. für die energetische Reinigung von Orten, von Energiefeldern, bei der Karmalösung und in der Heilarbeit.

Übung 1:
Der kosmische Staubsauger

» Meditiere zunächst über das Vortexfeld und die sich drehende Spirale. Wo findest du sie überall? (Chakras, Luftwirbel, Torusfeld, Biofeld, Wasserwirbel, DNA, Spiralgalaxie, Kornkreise, in vielen geometrischen Mustern, Abfluss, Ablauf, Quellen …)

Wir können mit verschiedenen Vortexfeldern arbeiten, z. B. mit den Vortexfeldern der Kornkreise, die unsere Atmosphäre reinigen und klären, mit Wasser-, Luft- oder Feuerwirbeln – je nachdem, welche Ebenen wir reinigen, neutralisieren und klären wollen. Wir können in unserer Vorstellung auch aus den Handchakras Vortexfelder mit heilender Energie erzeugen.

Wenn wir ein Feld gereinigt und geklärt haben, laden wir es über den Vortex mit Licht und göttlichen Qualitäten wie Liebe, Freude oder Vitalität auf. Gehe dazu wie folgt vor:

» Stelle dir zunächst dein persönliches Vortexfeld vor, das täglich zwei Milliarden Zellen abtransportiert und zwei Milliarden Zellen erneuert.
» Stelle dich aufrecht hin, und nimm den zentralen Energiekanal zwischen Himmelsstern (ca. 30 cm oberhalb deines Kopfes) und Erdstern (ca. 30 cm unterhalb deiner Fußsohlen) wahr.
» Ein zweiter Energiekanal läuft außen um dich herum. Deine Lichtsäule besteht aus einem elektromagnetischen Feld, das deinen Körper einhüllt, und aus deiner Aura, die dich feinstofflich umhüllt. Nimm den Energiefluss deines Feldes intuitiv wahr,

und lasse in deiner Vorstellung die Energie kreisen, wirbeln und zirkulieren. Spüre den Abtransport und die Aufladung aus dem Licht, das dich unaufhörlich mit jedem Atemzug durchströmt.

» Erlaube, dass der Vortex sich erhöht und beschleunigt, sodass immer mehr feinstoffliche reine Lichtenergie einströmen kann.
» Halte diese Vorstellung, so lange du kannst, und spüre dann nach.

Spürst du mehr Klarheit, Reinheit, Helligkeit, Leichtigkeit, Freude oder eine höhere Vibration in jeder Zelle?

Übung 2: Energetische Raumreinigung

Du kannst mit einem Vortex Räume von Flüchen, Verwünschungen, Elementalen, Fremdbesetzungen, Karma, Belastungen der Vorbesitzer oder früheren Ereignissen, die an diesem Platz stattgefunden haben, sowie von unerlösten Energien reinigen. Gut ist auch, den Ort zusätzlich mit Salbei und Weihrauch zu räuchern und in alle vier Außenecken sowie in den Herzpunkt (den Mittelpunkt des Raumes oder Platzes) Salz oder Salzwasser zu stellen, da dies die reinigende Wirkung verstärkt.

» Zeichne die Grundrisse des Raumes, den du reinigen willst, auf ein Blatt Papier auf – sei es ein Grundstück, ein Platz, ein Haus oder eine Wohnung.

» Schreibe alles auf, was an diesen Platz gebunden ist, sodass alles nach und nach in dein Bewusstsein kommt, z. B. Streit, finanzielle Probleme, Kämpfe, Namen von Menschen, die mit diesem Ort verbunden sind, Menschen, die dort gestorben sind, negative Dinge, die an diesem Platz geschehen sind, Krankheiten, Gefühle, Erdstrahlen, negative Schwingungen, frühere Bewohner oder Tierseelen.

» Ermittle den Herzpunkt. Der Herzpunkt eines Platzes liegt immer in der Mitte. Du kannst ihn durch die Verbindung der sich gegenüberliegenden Eckpunkte ausmachen. Dort, wo die Diagonalen sich kreuzen, befindet sich der Herzpunkt.

» Stelle dir eine Lichtschnur vor, die vom Herzpunkt des Platzes oder Raumes aus in das Lichtzentrum der Erde führt. In deiner

Vorstellung verankerst du sie dort. Stelle dir vor, wie das Licht aus der Erde aufsteigt und in diese Schnur fließt.

» Male diese Schnur nun in deine Skizze – aus dem Herzpunkt kommend um den Platz herum und ins Zentrum der Erde führend, sodass alles gut geerdet ist.
» Male dann einen Vortex, einen Wirbel, in die Mitte der Skizze. Stelle dir dabei vor, wie er aus dem universellen Licht der Einheit herniedergeht, um alle negativen Energien aufzusaugen und zu erlösen.
» Verbinde dich mit dem höchsten Licht, indem du dir vorstellst, wie ein Lichtstrahl aus der Einheit das gesamte Grundstück, den Platz einhüllt. Stelle dir einen strahlenden Lichtpunkt im Herzzentrum zwischen Himmel und Erde vor. Du kannst hohe Engelwesen wie Serapis Bey oder die Seraphim, Elohim und Meister und Meisterinnen dazu einladen.
» Bitte dein Hohes Selbst, dich zu führen, und bitte alles, was an diesem Ort sichtbar und verborgen, erkannt und unerkannt sowie über Raum und Zeit gebunden ist, in einen Lichtraum. Vielleicht will einiges noch gesehen, wahrgenommen und gehört werden.
» Stelle dir vor, wie sich aus dem göttlichen Licht ein strahlendes wirbelndes Vortexfeld aufbaut, es durch alle Schichten und Ebenen negative Belastungen, karmische Knoten und dunkle Schleier aufsaugt und alles im Licht umwandelt.
» Du kannst dabei folgende Affirmation sprechen: »Alle belastenden Gedanken, Gefühle, Verbindungen, Wesenheiten und Energien werden jetzt von diesem Ort genommen, bis er wieder in seinem ursprünglichen und reinen Licht erstrahlt.«
» Wenn alles gereinigt ist und der Vortex ruhig und hell schwingt, stelle dir vor, wie gold-weißes Licht den gesamten Platz oder

Raum flutet und auflädt. Bitte dabei die Lichtwesen um Unterstützung.

- Bitte um eine Lichtsäule an diesem Platz oder in diesem Raum, damit stetig Licht aus den höchsten Ebenen in ihn hineinfließt.

Goldener Schnitt

Was ist der Goldene Schnitt?

Der Goldene Schnitt offenbart uns die göttliche Proportion, nach der die gesamte Schöpfung geschaffen ist. Das Maß der Schönheit und Harmonie ist in jeder göttlichen Schöpfung angelegt und in jedem von uns, in unseren Lichtstrukturen, enthalten.

Als Goldener Schnitt wird ein bestimmtes Teilungsverhältnis bezeichnet: Teilt man eine Strecke oder eine andere Größe in zwei Teile und verhält sich der kleinere zum größeren Teil wie der größere Teil zum Ganzen, spricht man vom »Goldenen Schnitt«. Rechnet man mathematisch aus, in welchem Verhältnis der kleinere Teil zum größeren Teil und der größere Teil zum Ganzen steht, so ergibt sich die folgende Zahl: 1,618 – die Phi-Zahl. Sie wird als Zahl des Goldenen Schnittes definiert und besagt, dass der größere Teil 1,618-fach größer ist als der kleinere Teil und das Ganze 1,618-fach größer als der größere Teil.

Wozu dient der Goldene Schnitt?

» das rechte Maß, die göttliche Proportion
» Schönheit und Harmonie
» Gleichgewicht von Geist und Seele
» Entschleunigung

Der Goldene Schnitt ist eines der biologischen Wachstumsgesetze. Er hilft uns, über uns hinauszuwachsen und die unsichtbaren und sichtbaren Welten aufeinander einzustimmen, um die Harmonie des Himmels auf der Erde zu verwirklichen. Ein Teil von uns liegt in der sichtbaren Materie, doch der größere Teil befindet sich im geistigen Raum und kann sich in die Unendlichkeit bewegen.

Übung 1: Den Goldenen Schnitt wahrnehmen

Im übergeordneten Sinne ist der Goldene Schnitt das Maß der Schwingung von Körper, Geist und Seele im Einklang mit dem höchsten Bewusstsein, das alles umfasst. Auch ist unser Körper im Goldenen Schnitt aufgebaut.

» Indem du dir in deiner Vorstellung die Bewegung des Goldenen Schnittes – wie auf dem Bild auf S. 128 – vergegenwärtigst, spürst du eine Wendung nach innen, einen Energiefluss, Einklang, Harmonie, Freude und Liebe. Der Goldene Schnitt hat etwas Verbindendes, Harmonisierendes, Liebevolles und gibt einen sanften Lebensrhythmus vor.

» Versuche, ihn auf deine Weise als Klang, Muster, Energie, Farbe, lebendigen Puls, Rhythmus oder Energiebewegung in dir wahrzunehmen.

Der Geist schwingt schnell, die Seele fühlt und schwingt langsamer. Indem du den Goldenen Schnitt im täglichen Leben anwendest, entschleunigst und deinen Rhythmus findest, wirst du Einklang, intuitive Führung und Kraft in dir spüren. Lasse ihn in dir wirken, und übe dies immer wieder in deinem Alltag.

Übung 2: Harmonie im Leben

» Achte auf den Goldenen Schnitt in allen Dingen und bei all deinem kreativen Gestalten, im Fotografieren, Malen, Einrichten, und du wirst eine größere Harmonie in deinem Leben erfahren.
» Übe dich z. B. beim Sprechen darin, einen Takt zu sprechen und anderthalb Takte zu schweigen, sodass das gesprochene Wort bei deinem Gegenüber ankommen und von ihm aufgenommen werden kann.

Yin & Yang

Was sind Yin & Yang?

Das Yin-Yang-Symbol ist ein uraltes chinesisches Zeichen. Die Urquelle allen Seins ist Wu-Chi, der leere Kreis, die vollkommene Stille in Übereinstimmung mit dem Absoluten. Aus diesem Kreis entstand ein Punkt der Bewegung, reines Yang. Dieses setzte den Tanz zwischen Yin und Yang in Gang. Yang bedeutet »das Helle«, Aktion, Bewegung, Handlung, Dynamik. Yin bedeutet »das Trübe«, geschehen lassen, sich öffnen, hingeben. So werden die beiden großen Kräfte des Universums in dynamischer Einheit dargestellt, indem das eine auch sein Gegenteil enthält.

Wozu dienen Yin & Yang?

- Energiebalance, Ausgewogenheit und Harmonisierung
- Heilung von Vertrauensbrüchen
- Rückkehr in die Einheit

Wer im Einklang und im Tanz mit diesen Kräften lebt, kann sich mit höheren Harmonien abstimmen und ein langes Leben in Vitalität und Ausgewogenheit führen.

Übung: Energiebalance

Yin-Energie (schwarz, dunkel, weich, kalt, weiblich, passiv, Ruhe, Hingabe, Empfänglichkeit, Erholung, Öffnung):

» Verbinde dich mit der Yin-Energie.
» Lege dich auf den Boden. Werde still und empfänglich.
» Beobachte deinen Atem, wie er ein- und ausströmt und wie dies von allein geschieht, ohne dass du etwas tun musst.
» Fühle das Getragensein auf der Erde, gib dich einfach hin.
» Spüre, wie sich der Atem in der Hingabe vertieft und du immer tiefer in den Zustand der Ruhe, des Friedens und der Hingabe an das Leben gelangst.

Folgendes verbinden wir mit der Yin-Energie: fließendes Wasser, eine geöffnete duftende Blüte, Wolken, die am Himmel vorüberziehen, ein schattiger kühler Ort, Nacht, Ruhe, Stille, alles, was geschieht, während du passiv und entspannt in der Natur bist.

Yang-Energie (weiß, hell, hart, heiß, männlich, aktiv, Bewegung, Tun, Handeln, Umsetzen, Lenken, Leiten):

» Verbinde dich mit der Yang-Energie.
» Atme bewusst ein und aus, die Feueratmung eignet sich besonders. Atme dafür ganz schnell durch die Nase ein und aus. Spüre, wie die Energie, die durch dich fließt, durch deine Gedanken, Worte, Taten und Bewegungen gelenkt und geleitet wird und in dieser Welt Form annimmt.

Folgendes verbinden wir mit der Yang-Energie: Tag, ein sonniger warmer Ort, knisterndes, loderndes Feuer, Aktion, ein rauschender Wasserfall, Trommeln, rhythmische Klänge, Geysire, Vulkane, Stürme, Energie in aktiver Bewegung, Körperübungen, elektrische Ladung, Aktion, Spannung, Einatmen.

Achte darauf, welche Energieform du brauchst, um in der Balance zu bleiben. Hattest du viel Aktion, so achte auf Ruhephasen. Hattest du in letzter Zeit viele Ruhephasen, so werde aktiv. Da alles aus diesen beiden großen Kräften entsteht und du beide in dir trägst, kannst du dich jederzeit bewusst mit einer der Energien verbinden und dadurch die andere in dir ausgleichen. Trage das Yin-Yang-Symbol als Schmuck, Anhänger oder Stein bei dir, und achte immer wieder darauf, dich zu balancieren.

Schluss

Du bist ein Lenker von Bewusstsein und von Energie. Du bist ein geistig-seelisches Wesen, das für eine gewisse Zeit eine menschliche Erfahrung macht – und nicht ein Mensch, der ab und zu eine geistige Erfahrung macht. Als solches hast du Zugang zu allen Ebenen des Geistes und damit zur göttlichen Matrix, zum Bauplan der Schöpfung, aus dem dein Sein besteht.

Damit du dir das immer wieder bewusst machen kannst, habe ich hier zum Abschluss eine kleine Meditation für dich:

» Verbinde dich mit der Sonne hinter der Sonne, dem Licht von Sirius, nach dem alle Tempelstätten im alten Ägypten ausgerichtet sind. Alle großen Meister und Meisterinnen der Weißen Bruder- und Schwesternschaft über Raum und Zeit sind in dem Licht der Wahrheit, Harmonie, Liebe und göttlichen Ordnung zu Hause und in diesem Licht erwacht.

» Stelle dir vor, wie aus dem Licht von Sirius kristallinweißes Licht des Einheitsbewusstseins, der Allverbundenheit und der feinstofflichen Lichtstrukturen und Muster die Erde flutet und deine Seele erweckt und erleuchtet. Spüre das Seelenleuchten, den perfekten Lichtplan hinter der sichtbaren Form, die Bewegung zurück in die Harmonie, in den Frieden und in die kosmische Ordnung. Sieh vor deinem geistigen Auge den mächtigen Zustrom reinen Lichts, der alle Lichtstrukturen im Einklang mit dem lebendigen Feld des Universums ausrichtet.

» Stelle dir vor, wie die Erde aus ihrem Zentrum heraus in der Blume des Lebens immer intensiver strahlt. Sieh die Vielfalt in der Einheit, die Verbundenheit hinter der Trennung, das Zusammenspiel der Polaritäten, das unermessliche Liebeslicht in jeder lebendigen Zelle, das schwingende Licht in jeder Form.

» Lade auch dein Bewusstsein und dein Seelenlicht mit dieser göttlichen Strahlkraft auf. Sieh, wie die Flammen in deinem Herzen heller und strahlender werden. Erwache in der Heiligen Geometrie deines Körpers, im Licht deiner Seele. Denn dies ist der Ort des Aufstiegs in das Licht und in die nächste Dimension. Spüre, wie das Licht immer stärker einströmt. Dein inneres Lichtwesen, die Lichtstrukturen deines Körpers und alles, was diese berührt, erinnert andere an ihr Licht, an ihren wahren Ursprung. Licht von Licht, strahlendes Licht. – »ICH BIN das Licht in dieser Welt. ICH BIN die Auferstehung und das Leben. ICH BIN Liebe. ICH BIN Seele. ICH BIN das ICH BIN.«

Frage dich bei allem, was du tust: Was ist die vollkommene Lösung zu meinem Wohle, zum Wohle des Gesamten und im Einklang mit dem Höchsten?

Wenn du die vollkommene Lösung für dich empfangen hast, sprich folgende Affirmation: »Dies oder etwas noch Besseres geschieht jetzt in meinem Leben.«

Auf diese Weise gibst du das Beste, was dir jetzt in den Sinn kommt, in das morphogenetische Feld. Damit erlaubst du, dass diese Lösungen sich auf allen erdenklichen Wegen manifestieren können. Probiere es aus!

Wähle friedliche und liebevolle Wege im Einklang mit deiner Seele und im Geiste des Höchsten. Manchmal dauern diese Wege irdisch gesehen etwas länger, jedoch aus geistiger Sicht sind sie die Pfade deiner Heimat im Licht und in der Liebe und der Weg der Erlösung aus dem Rad der Wiedergeburt. Sei, was du bist.

Geometrie ist alles. Ohne Geometrie wäre alles nichts. Wir sind verbunden. Was wir den Geringsten unserer Brüder und Schwestern antun (Steine, Pflanzen, Tiere …), tun wir uns selbst an, da das Licht der Liebe alle Formen durchströmt.

Mögen alle Wesen und alle Welten glücklich sein!

In Liebe
Jeanne Ruland

Über die Autorin

Jeanne Ruland war Autorin, Wegbereiterin in die Neue Zeit, Engelmedium, Lehrerin und internationale Seminarleiterin. Sie unterrichtete Natur-, Engel-, Meister- und Strahlenlehre, Huna sowie die Lehre der Heiligen Geometrie. Sie bot außerdem internationale Reisen zu Kraftorten an. Ihr fundiertes Wissen und ihre langjährige Erfahrung in der Energiearbeit gab sie gern weiter, um zu erinnern und zu erwecken.
Am 13. November 2021, einem Engeltag, ist Jeanne Ruland ins Licht gegangen. Durch ihre zahlreichen Werke bleiben ihr unglaubliches geistiges Erbe, ihre Vision einer besseren Welt und ihr außergewöhnliches Licht unvergessen.
www.shantila.de

Die Illustrationen zu den heiligen Symbolen in diesem Buch stammen von Murat Karaçay, mehr Informationen finden Sie unter:
www.spiritualmedia.de

Ebenfalls von Jeanne Ruland erschienen im Schirner Verlag

Bücher:

Krafttiere begleiten dein Leben | 978-3-8434-1297-1

Helfertiere – Krafttiere als Wegbegleiter für besondere Lebensphasen | 978-3-8434-1437-1

Entdecke dein Krafttier – Das Arbeitsbuch | 978-3-8434-1513-2

Advents- und Weihnachtsrituale – Der Weg in das mystische Herz der Weihenächte | 978-3-8434-1313-8

Das Geheimnis der Rauhnächte – Ein Wegweiser durch die zwölf heiligen Nächte | 978-3-89767-865-1

Mein Rauhnacht-Begleiter – Ein lichtvoller Begleiter durch die 12 heiligen Nächte | 978-3-8434-1247-6

Mein Rauhnacht-Tagebuch | 978-3-8434-1348-0

Visionsbuch für die Rauhnächte – Wie wir unsere Jahresvision Wirklichkeit werden lassen | 978-3-8434-1396-1

Das Buch der Wünsche & Visionen – Übungen und Impulse für Manifestation, Intuition und Schöpferkraft | 978-3-8434-1410-4

Heilige Geometrie – Heilen mit dem Licht der Schöpfung – Das Praxisbuch zur Heil- und Lichtarbeit | 978-3-8434-1483-8

Die Heilige Geometrie der platonischen Körper – Die Grundbausteine der Schöpfung entdecken und anwenden | 978-3-8434-1540-8

Heilige Geometrie in der Natur – Schöpfungsmuster des Lebens und der Fülle entdecken und anwenden | 978-3-8434-1389-3

Die Entfaltung der Blume des Lebens – Übungen, Meditationen und Impulse für jeden Tag | 978-3-8434-1568-2

Das Dodekaeder und die fünfte Herzkammer | 978-3-8434-5032-4

Merkaba – Die Aktivierung des Lichtkörpers für die neue Zeit | 978-3-8434-5013-3

Willkommen auf der Erde – Segenszeremonien für Kinder | 978-3-8434-5039-3

Abschied von dir – Segenszeremonien für die letzte Reise | 978-3-8434-1157-8

Ahnenheilung – Auflösung von uralten Familienprägungen | 978-3-8434-1438-8

Die Kraft der Segnung – Eine Schatzkiste voller Segenszeremonien | 978-3-8434-1485-2

Heiraten mit Licht und Liebe – Hochzeitsrituale und Segenszeremonien für eine freie Trauung | 978-3-8434-1459-3

Aloha – Gelebte Liebe und hawaiianische Huna-Philosophie | 978-3-8434-1395-4

Gelebte Liebe – wie wir ein glückliches Leben gestalten – Mein Aloha-Begleiter für das Jahr und das ganze Leben | 978-3-8434-1355-8

Tiki Waena – Der innere Seelengarten | 978-3-8434-1137-0

Grokken – Durch kreatives Visualisieren die Welt verändern | 978-3-8434-5075-1

Das große Buch der Engel – Alles über die himmlischen Begleiter und wie wir uns mit ihnen verbinden | 978-3-8434-1481-4

Was Engel dir sagen – Botschaften deiner himmlischen Helfer | 978-3-8434-1159-2

Die lichte Kraft der Engel | 978-3-8434-1242-1

Unterwegs mit Engeln – Ein Reisebegleiter für Herz und Seele | 978-3-8434-1519-4

Maria Magdalena – Lebe und heile deine Weiblichkeit | 978-3-8434-1128-8

Die Gegenwart der Meister – Einweihungen in höhere Welten auf dem Pfad der Selbstmeisterung | 978-3-8434-1580-4

Lemuria – Rückkehr in das Paradies – Erinnerungen der Seele | 978-3-8434-1561-3

Lemuria – Das Paradies in deinem Herzen – Begleiter in der Neuen Zeit | 978-3-8434-1399-2

Elfen, Feen, Gnome – Das Buch der Naturgeister | 978-3-8434-1339-8

Die geheimnisvolle Welt der Naturgeister – Das Buch der Kleinen Wesen | 978-3-8434-1539-2

Lecker kochen mit den Naturgeistern – Ideen und Rezepte rund ums Jahr | 978-3-8434-1221-6

Engel-Kraftsüppchen | 978-3-89767-301-4

Dein Avalon-Begleiter – Ein Seelentagebuch für die inneren Ebenen | 978-3-8434-1392-3

Kartensets:

Jeanne – Möge diese Welt heller leuchten, weil es dich gibt | 978-3-8434-9236-2

Krafttier-Orakel – Ein liebevoller Begleiter im Alltag | 978-3-8434-9092-4

Krafttier-Orakel 2 – Botschaften der Helfertiere | 978-3-8434-9110-5

Das Orakel der Vögel | 978-3-8434-9176-1

Mein Rauhnacht-Orakel – Visionskarten für die 12 Heiligen Nächte | 978-3-8434-9104-4

Wünsche & Visionen – 60 Impuls-Karten für Manifestation, Intuition und Schöpferkraft | 978-3-8434-9134-1

Heilige Geometrie – Lichtvolle Schöpfungsenergie für jeden Tag | 978-3-8434-9197-6

Aloha – Kraft schöpfen aus der Quelle des Hawaiianischen Schamanismus | 978-3-8434-9020-7

Erzengel Raphael und die heilenden Kräfte des grünen Strahls | 978-3-8434-9162-4

Maria Magdalena – Rückkehr und Heilung der Weiblichkeit – Du bist unendlich geliebt | 978-3-8434-9032-0

Heilige Marien – Licht und Segen für jeden Tag | 978-3-8434-9246-1

Die Gegenwart der Meister – Einweihungen in höhere Welten auf dem Pfad der Selbstmeisterung | 978-3-8434-9132-7

Lemuria – Rückkehr in das Paradies – Erinnerungen der Seele | 978-3-8434-9211-9

Zauber der Naturreiche – Naturwesen – wie sie uns behüten und beschützen | 978-3-8434-9067-2

Merlin-Orakel – Entdecke die Magie des großen Druiden | 978-3-8434-9147-1

Lichtvolle Impulse unserer Ozeane | 978-3-8434-9053-5

Delfine – Lichtvolle Botschaften für uns Menschen | 978-3-8434-9039-9

Klang der Wale – Botschaften der Neuen Zeit | 978-3-8434-9082-5

Die lichte Kraft der Engel | 978-3-8434-9083-2

Danke für deine REZENSION

– Gemeinsam sind wir mehr –

Liebe Leserin, lieber Leser,

von Herzen danken wir dir, dass du dieses Buch in den Händen hältst und es bis zum Ende gelesen hast. Das bedeutet uns, dem Schirner Verlag und seinen Autoren, sehr viel. Aus voller Überzeugung und mit Hingabe widmen wir uns seit vielen Jahren Themen, die unser aller Lebensqualität und Bewusstwerdung dienlich sind, und hoffen, einen Beitrag für eine lichtvollere Welt leisten zu können. Wenn dir unsere Arbeit gefällt, möchten wir dich bitten, dir einige Minuten Zeit zu nehmen, um dieses Buch zu rezensieren. Warum? Die meisten Menschen lesen Rezensionen, bevor sie ein Buch kaufen, da sie hierdurch einen Eindruck bekommen, ob und wie der Inhalt des Buches den Leser erreicht hat. Eine kurze Rezension ist dabei ebenso hilfreich wie eine lange, sehr ausführliche. Um es auf den Punkt zu bringen:

Eine Rezension ist heutzutage die beste Werbung für ein Autorenwerk!

Wenn du den Schirner Verlag und seine Autoren neben dem Buchkauf auch anderweitig unterstützen willst, dann bitten wir dich: Schreibe für jedes Werk eine Rezension – vielleicht als persönliche Leseempfehlung für die Buchhandlung in deiner Nähe oder online, z. B. beim Schirner Verlag. Das wäre nicht nur eine Wertschätzung für die Autoren, sondern kann dazu beitragen, dass die Verkaufszahlen steigen und der Schirner Verlag auch in herausfordernden Zeiten Bestand hat.

WIE SCHREIBT MAN EINE REZENSION?

Grundsätzlich sollte eine Rezension aus der eigenen, subjektiven Sicht geschrieben werden, da es sich um eine persönliche Meinung handelt. Du kannst in zwei Sätzen deine Gedanken zu dem Buch äußern oder eine längere Rezension verfassen. Falls du nicht weißt, wie du beginnen sollst, hier ein paar Anregungen:

- War das Buch leicht verständlich geschrieben? Wie hat dir die Sprache gefallen? Wie empfandest du die Aufteilung der verschiedenen Themen?
- War es unterhaltsam? War es deiner Meinung nach mit Herzblut und Liebe geschrieben? Wie hat es auf dich gewirkt?
- Hat es dein Herz berührt? Konntest du dich wiederfinden?
- War es tief greifend genug? Hast du viel Neues gelernt?
- Hat es gehalten, was der Titel und die Buchbeschreibung versprochen haben? Hat es deine Erwartungen erfüllt?
- Was macht das Buch besonders? Warum sticht es heraus im Vergleich zu anderen Büchern, die ein ähnliches Thema behandeln?
- Würdest du das Buch weiterempfehlen oder verschenken?

Dankeschön

lesen, fliegen, landen
Schirner Verlag

Bildnachweis

www.shutterstock.com:
Schmuckelemente auf allen Seiten: gelber Hintergrund: #93258013 (©Jozsef Bagota); geometrische Formen sowie Übungs-Icon: #287007011 (©Marish), DNA: #294416855 (©Mad Dog), Wirbel: #400953208 (©RFV), Kreis mit Pentagramm: #1026593953, (©Bro Studio), Torusfeld: #1038311521 (©Tata Donets), #1831682173 (©attaphong), liegende Acht: 461100175 (©Eduard Radu);
Weitere Bilder: S. 9: #586193756 (©Fecundap stock), S. 14: #1943837083 (©New Africa), S. 17: #1447496933 (©Sasanka7), S. 25: #1935284333 (©WhataWin), S. 27: #649623892 (©Maridav), S. 35: #335742965 (©Evgenia Kostiaeva), S. 40: #1681962382 (©MilanMarkovic78), S. 47: #1618561543 (©Michael J P), S. 51: #443147470 (©Pavlenko Volodymyr), S. 59: #136638971 (©Lucky Business), S. 69: #273509510 (©Gajus), S. 75: #2113471385 (©New Africa), S. 83: #127345163 (©De Visu), S. 87: #1390650908 (©tose), S. 90: #1375248125 (©givaga), S. 94: #1077982097 (©Teo Tarras), S. 100: #533688943 (©Marben), S. 104: #724973401 (©Yavuz Meyveci), S. 107: #1440524960 (©myboys.me), S. 110: #2179172253 (©VFXartist), S. 113: #1170907378 (©Krakenimages.com), S. 116: #596723945 (©fractalmonster), S. 124: #1615272484 (©Billion Photos), S. 127: #135313805 (©Subbotina Anna), S. 131: #567985732 (©Paggi Eleanor), S. 135: #1346350949 (©Dirk Ercken)

Alle weiteren Bilder und Schmuckelemente (sofern nicht anders angegeben):
©Murat Karaçay, www.spiritualmedia.de, sowie ©Anke Müller, Schirner, und ©Simone Fleck, Schirner